MITDENKEN! VEREINSBANK.

Filialbank? Telefonbank? Vereinsbank.

Kinder vergleichen die Leistung von Rennwagen, Erwachsene die von Banken: Man will schließlich immer das Beste. Genau das wollen wir Ihnen bieten. Deshalb erschließt Ihnen ein Vereinsbank Konto die jeweiligen Vorteile von Filiale, Service-Telefon und Online-Banking. Sie können also mit ein und demselben Konto, mit ein und demselben Depot Beratungs- oder Preisvorteile nutzen. Je nachdem, was Ihnen im Einzelfall lieber ist. Mehr erfahren Sie unter **0 18 03/13 14 13** oder über T-Online unter **✱Vereinsbank #**.

In 10.000 Meter Höhe heißt das Condor Comfort Class.

Unsere Comfort Class ist einmalig. Denn als einziger deutscher Ferienflieger bieten wir sie auf Langstrecken an. Mit speziellen Lounges an Flughäfen im In- und Ausland, separatem Check-in, extrabreiten Sesseln, 3 Hauptgerichten zur Wahl und vielem mehr.

EDITORIAL

Liebe Leserin, lieber Leser,

fahren auch Sie nur durch Deutschland, um von der Startrampe des nächsten Flughafens in die Ferne zu schweifen? Schlagen auch Sie sich nur durch deutsche Büsche und über Seitenstraßen, wenn Sie im Verkehrsfunk zehn Minuten lang die verschiedenen Staustufen auf allen Autobahnen gehört haben? Benutzen auch Sie Deutschland nur als Rennstrecke zu fremden Ufern?

Dann sollten Sie mal das Naheliegende ausprobieren. Zur Abwechslung jedenfalls.

Reisen in das eigene Land. Diese Titelgeschichte hat intensivere Diskussionen in der Redaktion ausgelöst als eine Nordpolexpedition. Journalisten – die meiste Zeit des Jahres mit der »großen, weiten Welt« befaßt, ohne dabei stets Sinnfragen zu erörtern – wurden plötzlich grundsätzlich. Das eigene Land schürt Emotionen, es taucht als Seelenlandschaft auf – als Land der Kindheitserinnerungen, als Verwandtenland, Klassenreisenland, Land der politischen Verwerfungen, Land der Väter und Mütter.

Stefan Schomann, einer unserer Autoren, antwortete spontan auf die Frage, wie sein Verhältnis zu Deutschland sei: »Wie zu meiner Mutter. War als Frau einfach immer schon da.«

Dennoch: Vielen dürfte jede Nudel in der Toskana mittlerweile vertrauter sein als Kamminke auf Usedom oder Warburg in Westfalen. Und so ist es uns ein Vergnügen, Sie in dieser Ausgabe in einem unbekannten Land willkommen zu heißen. Willkommen daheim. Wer sich Deutschland genauer ansieht, kann hinreißend Schönes entdecken. Den Zauber der Nähe.

Zwölf kleine Liebeserklärungen an zwölf kleine Punkte unter den Jetstreams des Fernwehs finden Sie in diesem Heft. Zwölf Orte, die sich mit Ihrer Phantasie leicht zu einem großen, schönen Ganzen vernetzen lassen.

Und dazu ein großes Poster mit 780 Sehenswürdigkeiten abseits von Startbahn West und Terminal A.

Viel Spaß beim Entdecken!

*Herzlich Ihre
Christiane Breustedt*

Hier die Comfort Class-Ziele. Zusätzlich zum Flugpreis zahlen Sie:

Sharjah:

+ 700,–

Ciego de Avila, Puerto Plata, Punta Cana, Santo Domingo, Varadero:

+ 900,–

Barbados, Cancun, Colombo, Las Vegas, Fort Lauderdale, Male, Mombasa, Montego Bay, Nassau, Orlando, Porlamar, St. Lucia, Salvador da Bahia, Tampa, Tobago:

+ 1.000,–

Antigua, Bangkok, Phuket, San José, San Juan, Yangon:

+ 1.200,–

Seychellen:

+ 1.700,–

Mauritius:

+ 1.900,–

Preise gültig ab November

Die Aufpreise sind Zuschläge zu den jeweils gültigen Pauschal- bzw. Individualflugpreisen. Weitere Angebote: Schnäppchen-Nr.: 06107/9400, Internet- http://www.condor.de oder in Ihrem Reisebüro.

Condor
Ihr Ferienflieger

Vulkane, Gletscher, Eisberge – die Glut der Mitternachtssonne über einem Fjord. Magische Begegnungen im **NORDMEER**: bei den letzten Pionieren auf Spitzbergen, den Elfen auf Island und den Inuit im Grönland-Eis. Beim Segeltörn in Wikinger-Manier, bei den Flugschauen der Papageitaucher und im Winterlager der Eisbären.

→ Vorstoß an die Kante der Welt: das neue GEO-SPECIAL NORDMEER.

GEO-SPECIAL. DIE WELT MIT ANDEREN AUGEN SEHEN.

Dazu ein **INFO-TEIL**, der die atemraubendsten Pfade durch Bäche und Gebirge weist: für Trekker, Saga-Fans und Bootsfahrer – von der Nordpolreise mit dem Atomeisbrecher bis zur Paddeltour. Mit Insider-Tips und Gebrauchsanweisungen für die letzte, porentief reine Wildnis – die drei Hochs im Norden.

INHALT

Ausgabe September 1996
Titel: Den Uferweg in Dömitz an der Elbe fotografierte Hans-Joachim Ellerbrock

Titelthema: Geheimtip Deutschland

Willkommen in der unbekannten Heimat. Wir laden Sie ein zu einer Entdeckungsreise vor der Haustür. Zwölf Orte und Winkel von unverdorbener Schönheit stellen wir Ihnen vor, von der Schlei bis zum Südschwarzwald (Foto). Dazu 780 Ausflugsziele auf der beigelegten Karte. **Seite 22**

Ontario Zauberwälder und Silberseen im Herzen Kanadas, eine bärenstarke Tierwelt und die Supermetropole Toronto. Acht Tips von Ontario-Experten. **Seite 104**

RATGEBER

ABENTEUER-REISEN

Vom Trekking in Österreich bis zum Rafting in Neuseeland: Was ist möglich und medizinisch sinnvoll? Reportagen, Kurzberichte, Service. **Seite 65**

Türkei Es gibt sie noch, die kleinen verschlafenen Städtchen an der Küste. Wir fanden sagenhafte Kulturstätten, piniengesäumte Strände und herzliche Menschen. **Seite 80**

Editorial 5
Leserbriefe 8

TRAVELLER'S WORLD
Auf Bahnhöfen und Flughäfen gibt es wieder Gepäckträger 12
Verschlüsselter Preis: So teuer sind die 190er-Telefonnummern 14
Gefahr durch herabfallendes Gepäck in der Flugzeug-Kabine 16

DEUTSCHLAND
Reisen in die eigene Welt: Zwölf Ziele von unverdorbener Schönheit zwischen Ostsee und Alpen 22
Deutschland Info 50
Extra als Beilage:
Großes Deutschland-Poster mit 780 Sehenswürdigkeiten

RATGEBER
Abenteuer-Reisen 65

TÜRKEI
Die Südküste: Sagenhaft von alters her 80
Türkei Info 94

ONTARIO
Von Algonquin-Park bis Toronto – Expertentips für den Kanada-Urlaub 104

KURZREISEN
Luxemburg: Einkehr in Europas guter Stube 114
Bern: Wo Christo einpacken lernte 127

GESUNDHEIT AUF REISEN
Wer zahlt den Rücktransport bei Krankheit? 132

SINAI
Auf der Suche nach Ruhe: Qi Gong in der Wüste 134

Impressum, Credits 103
Vorschau 142

LESER Briefe

Schuppen statt Haut

Vielen Dank, daß Sie uns in die Schilderung der »adligen« Schmetterlingshäuser aufgenommen haben. Angesichts des hohen Niveaus Ihrer Berichte kann ich allerdings nicht umhin, zwei Fehler zu monieren: Schmetterlinge sind keine Hautflügler wie Bienen, Hummeln, Fliegen etc., sondern Schuppenflügler. Und der oberste Falter auf dem Foto auf Seite 112 ist nicht *Cethosia biblis* (Malaysia, Indonesien), sondern *Cethosia cydippe* (Nord-Ost-Australien, Neuguinea). Beide sind zwar aus der Familie der Spitzenflügler (lace wing), *C. biblis* sieht aber anders aus. PROF. WENZEL, SCHMETTERLINGSLUST GMBH, BERLIN

Gespenstisch

Die künstlichen Paradiese mögen für sich genommen nicht so schlimm sein, wie manche Kritiker behaupten. Da hat Christoph Hennig in seinem »Standpunkt« in Heft 7-8/96 durchaus recht. Aber nun entsteht in Las Vegas eine neue Scheinwelt, ein Hotel- und Spielbankkomplex namens »New York, New York«. Ein New York »à la Disneyland« nennt die »Süddeutsche Zeitung« das Projekt – »ohne Risiko und ohne Nebenwirkungen, eine zwar erkennbare, doch verfremdete Version des Originals«. New York mit viel Entertainment, aber ohne Obdachlose. Mag das Original ruhig zugrunde gehen, wir amüsieren uns in der sauberen, gepflegten Kopie. Also, ich finde das gespenstisch. JAN HOLM, MÜNCHEN

Stimmt so

Sind gerade auf den Spuren von GEO SAISON 3/96 – Toskana. Muß zugeben: Alles stimmt!! Das Heft macht den Urlaub streßfrei und angenehm. Herzlichen Dank! GERD HAUNERT, BERLIN

Aus der Traum

Unsere erste Schnuppertour nach Ostdeutschland haben wir mit einem Aufenthalt in Schloß Blücher an der Mecklenburger Seenplatte gekrönt. Sie haben das Haus in Heft 4/94 (»Hotels zum Verlieben«) vorgestellt. Es war ein Traum! Leider wird die Idylle dieses Schlosses und seiner Umgebung im Herbst dieses Jahres zerstört, da das gesamte Umfeld durch die Eigentümer touristisch erschlossen wird (Thermalbäder, Golfplatz, Landhäuser usw.). Fischadler, Rotwild und Nachtigallen werden ihres momentan noch intakten Lebensraumes beraubt.
ANGELIKA RÖDER, DUISBURG

Allein im Schloß

Da mir Ihr Artikel in Heft 6/96 »Wo die Monster wohnen« sehr gefallen hatte, buchte ich im Château de Spontin ein Zimmer. Aber als wir ankamen, wußte man offenbar nicht, wo man uns unterbringen sollte, da viele Gäste da waren. Eine Dame führte uns schließlich über eine Zugbrücke in einen kleineren Schloßhof, dann durch einen endlosen, spinnwebverhangenen Flur in ein Zimmer, das wohl ebenfalls lange nicht benutzt worden war. Der Vorhang hinter dem Bett war heruntergerissen, der Schrank sah aus, als müßte er dringend restauriert werden. Madame meinte, wir könnten auch ein anderes Zimmer haben, und so folgten wir ihr wieder den langen Gang entlang. In dem zweiten Zimmer gab es kein Deckenlicht, nur Stehlampen, das Bad hatte gar kein Licht, und die Armaturen ließen sich nicht bedienen. Also schleppten wir unser Gepäck wieder zurück ins erste Zimmer, wo uns demonstriert wurde, daß die Lampe per Wandschalter zu bedienen geht, dort kam im Bad sogar Wasser aus der Leitung. Daß wir am Morgen doch nicht duschen konnten, lag nur daran, daß unsere Körperkräfte nicht ausreichten, den Wassereinlauf vom Hahn auf die Dusche umzustellen. Beruhigenderweise hatte Madame uns noch versichert, daß wir beide alleine im Schloß wohnten. Ich habe selten so schlecht geschlafen. ILONA OVERATH, BAD HOMBURG V. D. HÖHE

Zum Zeitpunkt unserer Recherche gab es vier geräumige Zimmer mit allem Komfort und modernen Bädern im barocken Pavillon rechts vor der Burg. Im mittelalterlichen Donjon, wo zu übernachten die Leserin gezwungen war, gab es damals keine Gästezimmer. Wir bedauern die Entwicklung und haben den Besitzer um eine Stellungnahme gebeten.

Andere Rasse

In dem Beitrag »Kurzreise Ardennen« (Heft 6/96) handelt es sich bei den abgebildeten Kühen nicht um die Rasse Blau-weiße Belgier, sondern um Kühe der Rassen Schwarzbunte und Rotbunte. DR. CHRISTINE TOPF, REDAKTEURIN DER ZEITSCHRIFT »DAS MILCHRIND«, AACHEBERG

Gut getroffen

Vor mir liegt das Aprilheft von GEO SAISON. Der Formentera-Bericht gefällt mir, Ihr Autor Dieter Schweiger hat die Inselstimmung gut getroffen.
NIKLAUS SCHMID, FORMENTERA

Death Valley abgehakt

Meine Bewunderung für Ihren Artikel über Amerika und den Ratgeber in Heft 4/96. Ich habe auf etlichen USA-Reisen die beschriebenen Gefühle erlebt, zum Beispiel als ich nach sieben Stunden Wanderung durch das Death Valley zum Zabriskie Point zurückkehrte, wo eilige Besucher aus dem Auto sprangen, um ein schnelles Foto zu machen. Aber nicht etwa von den Formationen am Z-Point, sondern von sich selbst, in front of this f...ing sign. Death Valley abgehakt. Aber vielleicht sollte ich froh darüber sein, denn sonst hätte ich später wohl nicht so allein die Stille der Wüstennacht genießen können.
CHRISTIAN HAHN, ERLANGEN

Wir freuen uns über Ihre Anregungen, Fragen und Tips. Zuschriften bitte an: GEO SAISON Leserbriefe, 20444 Hamburg, Fax 040-3703-5680, E-Mail: schwer.bernd@geo.de – die Redaktion behält sich das Recht vor, Leserbriefe zu kürzen.

SPANIEN *für* ERWITT

Elliot Erwitt, ein Großer unter den internationalen Fotografen, schätzt vor allem die Vielzahl spanischer Kunstschätze. Denn egal wo, überall entdeckt er Weltbewegendes. Etwa „Guernica", das im Madrider Museum Reina Sofía hängt. Picasso malte es aus Erschütterung über die Zerstörung der gleichnamigen Stadt für die Weltausstellung 1937. Seitdem zieht es jeden in seinen Bann: Spanien. Aus Leidenschaft.

Informationen sendet Ihnen Ihr Spanisches Fremdenverkehrsamt, 10707 Berlin, Kurfürstendamm 180 – 60079 Frankfurt, Postfach 17 05 47 – 40237 Düsseldorf, Grafenberger Allee 100 (Kutscherhaus) – 80051 München, Postfach 15 19 40 – Btx *35353535# – 8008 Zürich, Seefeldstrasse 19 – 1010 Wien, Walfischgasse 11.

TRAVELLER'S World

An »Germania« und »Marianne«, Deutschlands und Frankreichs Nationalsymbolen aus dem 19. Jahrhundert, schieden sich Europas Geister: Heinrich Heine beispielsweise konnte sich mit Germania nicht so recht anfreunden. Die Beziehung der seelenverwandten, aber doch sehr ungleichen Frauengestalten dokumentiert die Berliner Ausstellung »Marianne und Germania – Zwei Welten – eine Revue« in 650 Kunstwerken, darunter Bilder von Eugène Delacroix, Caspar David Friedrich und Skulpturen von Auguste Rodin (15. September bis 5. Januar, Martin-Gropius-Bau, Stresemannstr. 10; Eintritt 8 Mark; geöffnet Dienstag bis Sonntag 10–20 Uhr; Info: 030-25 48 90).   *tmh*

Urlaub in Deutschland: Die Top ten der Länder

Mecklenburg-Vorpommern legte gegenüber dem Vorjahr um 0,7, Schleswig-Holstein um 0,6 Millionen zu. Anzahl der Reisen 1995:

1. Bayern		5,5 Mio
2. Schleswig-Holstein		3,4 Mio
3. Mecklenburg-Vorpommern		2,3 Mio
4. Baden-Württemberg		2,3 Mio
5. Niedersachsen		2,3 Mio
6. Nordrhein-Westfalen		1,4 Mio
7. Rheinland-Pfalz/Saarland		0,9 Mio
8. Sachsen		0,8 Mio
9. Hessen		0,8 Mio
10. Thüringen		0,7 Mio

Quelle: Reiseanalyse Urlaub + Reisen

CHINA
Vor der großen Flut

»Wenn die Göttin der Berge das noch erlebt, wird sie sich wundern, wie die Welt erbebt«, dichtete Mao Zedong 1956. Vierzig Jahre später ist es soweit. Trotz internationaler Proteste forciert China den Beginn der Arbeiten am größten Staudammprojekt der Erde. Der Jangtsekiang (chinesisch Chang Jiang) soll mit einem zwei Kilometer langen und 185 Meter hohen Sperrwerk zu einem See aufgestaut werden, der die berühmten Drei Schluchten überflutet – einen Landstrich fast so groß wie Österreich. 13 Großstädte, 140 Städte und 1352 Dörfer werden untergehen. Mehr als 1,2 Millionen Menschen müssen umgesiedelt werden. Reisende, die das Tal noch vor der Sintflut erleben wollen, haben 18 Jahre Zeit. Im Jahr 2015 soll das 17 700-Megawatt-Kraftwerk ans Netz gehen.   *pm*

Am Jangtsekiang soll der größte Staudamm der Welt entstehen

DEUTSCHE BAHN AG
Alte Zuglaternen

Bei der Bahn wurden die Signalleuchten, die einst Anfang und Ende jedes Zuges markierten, längst ausgemustert. Jetzt werden Kopien der alten Zuglaternen angeboten: zwei Scheiben mit rotweißen Rauten, rotes Buntglas und Klarglas auf den anderen zwei Seiten. Zu besichtigen an den Service-Points vieler Bahnhöfe, zu bestellen beim BahnShop 1435, Tel. 0511-860 46 53, Fax 860 46 56 (Elektroausführung 79,50 Mark, Petroleumlampe 144 Mark, zzgl. 10 Mark Versand).   *tmh*

TRAVELLER'S World

REISETIP DES MONATS
Bergwandern in der Karibik

Da geht's hoch: Blick auf den 3165 Meter hohen Pico Duarte

Daß die Dominikanische Republik mehr zu bieten hat als Palmenstrände und All-inclusive-Clubs, beweist Hauser Exkursionen mit zweiwöchigen Wanderreisen durch das unbekannte Hinterland des populären Badeziels. Höhepunkt: ein viertägiges Trekking auf den höchsten Berg der Karibik, den 3165 Meter hohen Pico Duarte. Die letzten drei Tage verbringen die Teilnehmer in einem Strandhotel. Im Preis von 3890 Mark (8.–23. 11.) sind neben Flug, Übernachtung, Teilpension und Reiseleitung auch die Gepäcktransfers durch Mulis inbegriffen. Tel.-Info: Deutschland 089-235 00 60, Österreich 0043-1-505 03 46, Schweiz 0041-1-980 41 51. *tmh*

27 Karibikinseln sind in Deutschland oder im benachbarten Ausland mit Fremdenverkehrsämtern vertreten:

ANGUILLA	TEL. 06157-87816	FAX -87719
ANTIGUA & BARBUDA	TEL. 06172-21504	FAX -21513
ARUBA	TEL. 02234-273037	FAX -73050
BAHAMAS	TEL. 069-970834-0	FAX -97083434
BONAIRE	TEL. 0031-70-3954444	FAX -3368333
BRITISH VIRGIN ISLANDS	TEL. 0611-300262	FAX -300766
CAYMAN ISLANDS	TEL. 069-6032094	FAX -629264
CURAÇAO	TEL. 089-598490	FAX -5504045
DOMINIKANISCHE REPUBLIK	TEL. 069-5970330	FAX -590928
GRENADA	TEL. 069-611178	FAX -629264
GUADELOUPE	TEL. 069-283315	FAX -287544
JAMAIKA	TEL. 06184-990044	FAX -990046
KUBA	TEL. 069-288322	FAX -296664
MARTINIQUE	TEL. 0033-1-44778622	FAX -49260363
MONTSERRAT	TEL. 040-6958846	FAX -3800051
PUERTO RICO	TEL. 0611-9772312	FAX -9772919
ST. KITTS & NEVIS	TEL. 06173-66747	FAX -640969
ST. LUCIA	TEL. 06172-304431	FAX -305072
ST. VINCENT & GRENADINES	TEL. 07031-806260	FAX -805012
TRINIDAD & TOBAGO	TEL. 069-94335811	FAX -94335820
TURKS & CAICOS ISLANDS	TEL. 0044-181-3675449	FAX -36799449
U.S. VIRGIN ISLANDS	TEL. 02236-841743	FAX -43045

AUF BAHNHÖFEN UND FLUGHÄFEN
Hoch lebe der Gepäckträger

Auf sechs deutschen Bahnhöfen und Flughäfen gibt es wieder Dienstmänner, die Reisenden beim Transport der Koffer helfen. In der Hauptreisezeit und an Wochenenden empfiehlt sich Vorbestellung. Die Nummern der Airport-Serviceunternehmen: München 089-97 59 97 95, Frankfurt 069-69 06 66 66, Stuttgart 0711-948 45 70, Hamburg 040-50 75 27 68, Berlin Tegel/Tempelhof 030-41 01 23 15. Die Nummern der Bahnhöfe und ihrer Servicestellen: Hamburg 040-39 18 30 46, Leipzig 0341-724 36 02, Dresden 0351-461 38 25, Frankfurt 069-265 41 46, Stuttgart 0711-20 92 24 22, München 089-12 23 58 82. Auf Bahnhöfen zahlt man fünf Mark für die ersten beiden Gepäckstücke, jedes weitere kostet 2,50 Mark extra. Porter am Flughafen verlangen zwei bis 20 Mark. *tmh*

REISETAUGLICH?
Härtetest für Koffer

Die wenigsten Hartschalenkoffer halten Belastungen aus. Das stellte der TÜV Ostdeutschland im Auftrag der Illustrierten »Stern« fest. Elf der gängigsten Modelle wurden auf ihre Reisetauglichkeit geprüft. Überraschendes Ergebnis: Renommierte Namen landeten mit Billigmodellen auf den hinteren Plätzen. Nur der Carlton Airtec (Carlton International, 195 Mark) und der Regent Alfa (Grebenstein GmbH, 219 Mark) überstanden die wissenschaftlich kontrollierten Belastungsproben ohne größere Schäden. *tmh*

Rumpelkammer: eine der Stationen des TÜV-Programms

Raffaello – ganz ohne Schokolade: zartes Kokos, weiße Mandel, leicht geschlagene Milchcreme – höchster Genuß auf leichte Art. Raffaello – als ob der Sommer nie zu Ende geht.

Ferrero

Raffaello
höchster Genuß auf leichte Art

TRAVELLER'S World

Kurzmeldungen

+++ AFRIKA: Da in Mali und Niger wieder Frieden herrscht, hat der Wüstenspezialist Sun Tours die beiden afrikanischen Länder erneut ins Programm aufgenommen. Info: 06447-9 21 03 **+++ UMWELTGERECHT:** Adressen von Öko-Hotels und -Pensionen sowie von Veranstaltern, die für naturverbundenen Tourismus eintreten, sind in dem Magazin »Verträglich Reisen« zusammengestellt (Postfach 40 19 03, 80719 München; 6,50 Mark in Briefmarken beilegen) **+++**

VERSCHLÜSSELTER PREIS
So teuer sind die 190er-Nummern

Steigender Kostendruck veranlaßt immer mehr Firmen, kostenlose 0130-Telefonnummern durch gebührenpflichtige Anschlüsse zu ersetzen. Bei 0190-Anschlüssen (bis 3,60 Mark pro Minute) muß der Preis am Anfang des Gesprächs mitgeteilt werden, bei den günstigeren 0180er-Nummern (bis 48 Pfennig pro Minute) jedoch nicht. Für Laien ist die Preisstruktur schwer durchschaubar: So sind zum Beispiel 01901-Nummern teurer als 01904-Verbindungen. *tmh*

Service 0190-	DM/Min.
0190-4, -6	0,84
0190-1, -2, -3, -5	1,20
0190-7, -9	2,40
0190-8	3,60
Service 0180-	
0180-2	0,12
0180-3	0,21
0180-5	0,48

TELEFONSERVICE
Urlaub buchen nach Feierabend

Wer tagsüber wenig Zeit hat, kann beim Versandhaus Quelle seinen Urlaub nach Feierabend buchen – am Telefon unter der Rufnummer 0180-322 43 22. Neben hauseigenen Reisen hat die Firma Quelle jetzt auch Alltours, Frosch-Touristik, CA Ferntouristik, Öger Tours, Olimar, Dansommer, Kreutzer, die Landidyll-Hotels, Stena Line (Fähren) und Aero Lloyd (Flüge) im Programm. Wer Beratung wünscht, wird zu einer vereinbarten Zeit (zwischen 7 und 23 Uhr) zurückgerufen. Bezahlen kann man per Lastschrift oder Zahlkarte. *tmh*

THEMEN-SPAZIERGÄNGE
Neue Wege durch die Stadt

Jeden ersten Samstag im Monat tauscht der Würzburger Rechtsanwalt Wolfgang Mainka die Anwaltsrobe mit einem Nachtwächterkostüm, um Besuchern unbekannte Gäßchen in der Altstadt zu zeigen. Die Tour beginnt um 21 Uhr und endet eineinhalb Stunden später in einer Weinstube. Auch andere Städte bieten Rundgänge zu ausgefallenen, überraschenden, heiteren und ernsten Themen. Bamberg: Bamberger Schleichwegla, Tel. 0951-5 20 55; 8 Mark. Berlin: StattReisen, Tel. 030-455 30 28; 15 Mark. Bonn: Bonn erleben, Tel. 0228-54 98 32; ab 10 Mark. Bremen: StadtLandFluß und Meer, Tel. 0421-50 50 37; 10 Mark. Dresden: Igeltour, Tel. 0351-804 45 57; ab 8 Mark. Frankfurt: Freundeskreis Liebenswertes Frankfurt, Tel. 069-74 85 82; kostenlos. Freiburg: Vistatour, Tel. 0761-701 94 31; ab 10 Mark. Hamburg: StattReisen Tel. 040-430 34 81; 12 Mark. Köln: StattReisen, Tel. 0221-732 51 13; 12–14 Mark. München: StattReisen, Tel. 089-271 89 40; ab 7 Mark. Nürnberg: Geschichte Für Alle, Tel. 0911-33 27 35; 4,50 Mark. Ruhrgebiet: Tour de Ruhr, Tel. 0203-42 62 44; 35 Mark. Würzburg: Tourismus Zentrale, Tel. 0931-3 73 35; 9 Mark.

Tierisch was erleben

Im Winter mit LTU direkt nach Durban, Kapstadt und Windhoek

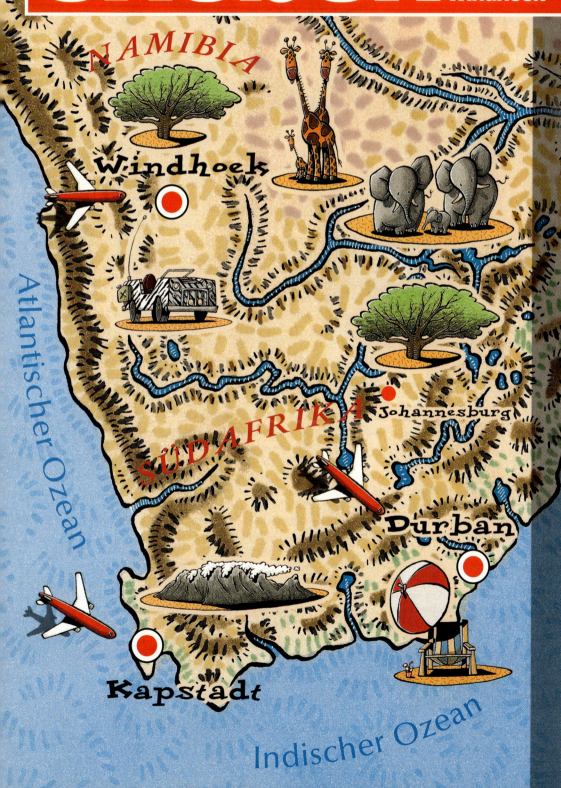

Wenn Sie im abwechslungsreichen Süden Afrikas auf eigene Faust Urlaub machen wollen: Wir fliegen Sie hin. Natürlich direkt – wie auch zu 60 anderen Traumzielen in aller Welt. Machen Sie es sich bequem: Fragen Sie Ihr Reisebüro nach den LTU-Sportgepäck-, Transfer- und Familienservices. Oder nach der neuen LTU-Card zum Einführungspreis von 39,– DM.

Mit LTU nach Durban, Kapstadt und Windhoek

Ab Düsseldorf	ab 1549,–
Ab München	ab 1549,–

Die Flugpreise differieren je nach Abflugtermin. Die Wintersaison beginnt, abhängig vom Flugziel, zwischen dem 4.11. und 9.11.96.

Tagesaktuelle LTU-Kurzfrist-Flugangebote bundesweit rund um die Uhr:

Fax&Fly
02 11/9 27 00 00

Videotext
SAT.1 S. 433/444

Telefon
01 90/21 17 67
(6 Sek. = 0,12 DM, MPS)

Internet
http://www.ltu.de

Neu
CompuServe (go ltu)

Guten Flug: Tickets und mehr bekommen Sie in Ihrem Reisebüro mit LTU-Agentur.

LIEBER DIREKT

TRAVELLER'S World

LUFTFAHRT Kopfverletzungen durch Handgepäck

Hunderte von Flugpassagieren werden alljährlich verletzt, weil aus den Gepäckfächern über den Sitzen Gegenstände herabfallen. Einen 42jährigen Unternehmensberater, der mit Austrian Airlines flog, traf es so schwer, daß er für den Rest seines Lebens arbeitsunfähig ist. Schadensberichte dringen allerdings nur selten an die Öffentlichkeit, deshalb wird diese Gefahrenquelle in der Kabine meist unterschätzt. Die Berufsverbände der Flugbegleiter, die häufig hilflos zusehen müssen, wie die sogenannten Overhead-Bins überladen werden, fordern jetzt eine drastische Reduzierung des Kabinengepäcks.

Wer öfter mal mit dem Flugzeug reist, kennt das Problem: Viele Passagiere bringen ihren halben Hausstand mit in die Kabine. Egal, ob Kleidersäcke oder Aktenstapel, die neuen Schnapsvorräte aus dem Duty-free-Shop oder afrikanische Schnitzereien, immer voluminöser, immer schwerer wird die Fracht in den Gepäckfächern. Wer selbst gerade eine original italienische Espressomaschine erstanden hat, ist froh, den Karton – durch Mäntel und Hüte gedämpft – bruchsicher verstauen zu können. Andere Fluggäste ärgern sich, daß ihre Garderobe zerknautscht wird. Und wenn die Stewardessen verlangen, daß schwere Taschen unter die Sitze gestellt werden, geht ein Murren durch die Reihen. Alle verteidigen den freien Raum, um ihre Füße ausstrecken zu können. Manche blockieren mit ihren Taschen klammheimlich die Notausgänge. Wenn die Passagiere erst einmal an Bord sind, haben die Flugbegleiter keine Chance, auf Reduzierung des Handgepäcks zu dringen. Deshalb fordern sie konsequentere Kontrollen bei Check-in und Abfertigung. Eigentlich müßte das Handgepäck immer gewogen werden, denn die 20 Kilogramm Freigepäck in der Economy Class gelten einschließlich Handgepäck. Doch die meisten Fluglinien drücken ein Auge zu, und die Rechtslage ist undurchsichtig. Zwar erinnerte das Luftfahrt-Bundesamt (LBA) mit Schreiben vom 12. Dezember 1995 die Fluggesellschaften an die Vorschriften zur »Mitnahme von Handgepäck in Flugzeugen« und drohte mit »haftungsrechtlichen Konsequenzen«. Nur ein Stück pro Person, maximal sechs Kilogramm schwer und 55 mal 20 mal 40 Zentimeter groß, sei zulässig.

Wieviel Kilo dürfen in die Kabine?

AIRLINE	KG
CATHAY PACIFIC	5
BRITISH AIRWAYS	6
LUFTHANSA	8
SWISSAIR	10
BRITISH MIDLAND	14
DELTA AIRLINES	18
UNITED AIRLINES	23

Vorschriften der Airlines für die Economy-Klasse

Als aber die Lufthansa im Februar ankündigte, an allen deutschen Flughäfen sogenannte Konturrahmen aufzustellen, um die Einhaltung der Pilotenkoffer-Maße zu überwachen, hieß es, die Vorrichtungen seien zur freiwilligen Selbstkontrolle der Passagiere bestimmt. »Verbindliche Vorschriften für das Kabinengepäck existieren nicht.« Ganze sechs Kontrollrahmen wurden aufgestellt – vier in Frankfurt, zwei in München. Tatsächlich hatte Deutschlands oberste Aufsichtsbehörde für den Luftverkehr unverbindliche Richtlinien mit gesetzlichen Vorschriften verwechselt. Inzwischen bestätigte das LBA gegenüber der GEOSAISON-Redaktion: »Eine detaillierte Regelung (...), derzufolge Passagiere nur nach Größe und Gewicht definiertes Handgepäck mitführen dürfen, gibt es nicht.« Vorgeschrieben sei lediglich, daß das Gepäck sicher verstaut sein müsse.

Bei den einzelnen Airlines gelten unterschiedliche Handgepäck-Regeln (siehe Kasten). Die Lufthansa erlaubt nur ein bis zu acht Kilogramm schweres Gepäckstück. Der Preisrebell ➔

Flugbegleiter fordern:

① Es reicht nicht, nur die Maße des Handgepäcks zu kontrollieren. Es muß gemessen und gewogen werden. Nicht nur beim Einchecken, sondern erneut kurz vor dem Betreten der Maschine, damit niemand zusätzliches, beim Check-in nicht angegebenes Gepäck in die Maschine hineinmogeln kann. Was zu schwer oder zu sperrig ist, muß in jedem Fall in den Frachtraum.

② In die Gepäckfächer (Overhead-Bins), über den Sitzen, gehören nur leichte Sachen – Hüte, Mäntel, Handtaschen, Aktentaschen (aber keine Aktenkoffer!).

③ In den Fächern müssen innen Fangnetze angebracht werden, damit der Inhalt beim Öffnen der Klappen gesichert ist und nichts herausfallen kann.

④ Schweres Handgepäck gehört unter den Sitz oder, falls vorhanden, in spezielle Schränke.

⑤ Die Schlösser der Overhead-Bins müssen sorgfältig kontrolliert, gegebenenfalls sogar anders konstruiert werden. Derzeit sind sie im geschlossenen Zustand belastet. Umgekehrt wäre der Verschleiß geringer. Wünschenswert wäre auch die Möglichkeit, die Schlösser bei Start, Landung und Turbulenzen zentral zu verriegeln.

Gutes kommt selten von oben

Der Unternehmensberater Herbert Hofmann, den am 27. Mai 1993 auf einem Flug mit Austrian Airlines (AUA) ein heruntergestürzter Metallkoffer lebenslang arbeitsunfähig schlug, hat die Gesellschaft auf zehn Millionen Mark Schadensersatz verklagt. Unfallversichert war er durch die Airline nur mit 200 000 Mark. Über die genaue Zahl der Flugpassagiere, die jährlich durch Gepäck verletzt werden, schweigen sich die Unternehmen am liebsten aus: Allein bei British Airways und United Airlines soll es 1995 um die 300 kleinere Unfälle gegeben haben.

➔ British Midland dagegen, Lufthansa-Konkurrent auf der Strecke Frankfurt–London, gestattet Business-Class-Fliegern zwei Stücke bis zu 14 Kilo Gesamtgewicht. Solange es keine international verbindlichen Regelungen gibt, müssen strengere Airlines fürchten, Kunden an kulantere Wettbewerber zu verlieren.

Otto W. Ziegelmeier, Geschäftsführer der Unabhängigen Flugbegleiter Organisation (UFO), die sich für eine Verringerung des Kabinengepäcks stark macht, glaubt, daß das Problem nur durch mehr Service zu lösen ist: Erst wenn der Gepäcktransport im Luftverkehr bequemer, schonender und sicherer sei, werde der Passagier bereit sein, sich während des Flugs vom größten Teil seines Gepäcks zu trennen. Es wäre gut für die Köpfe. *Thomar Hopfgarten*

PREISKNÜLLER
Kaffeefahrt in den Basar

Wie Busfahrten in die Lüneburger Heide mit anschließendem Bettdecken- und Kaffeeservice-Verkauf werden jetzt auch Pauschalflugreisen angeboten. Reisebüros locken Urlauber mit Knüllerpreisen in die Basare türkischer Urlaubszentren, in denen gewiefte Verkäufer zum Shopping animieren. An diesen Umsätzen sind die Reisefirmen beteiligt. Da niemand zum Einkaufen gezwungen werden kann, haben solche Offerten durchaus einen finanziellen Reiz. Sieben Übernachtungen im Doppelzimmer mit Halbpension in Luxus-Hotels werden inklusive Charterflug mit renommierten Gesellschaften wie SunExpress schon ab 399 Mark angeboten. Oft sind Stadtrundfahrten inbegriffen – von einem Geschäft zum anderen, damit später die Kasse stimmt. Die Veranstalter weisen Kritik zurück: »Die Leute wollen das.« *tmh*

Hurtigruten
statt Autobahn

Norwegen von seiner schönsten Seite
◆
2.500 Seemeilen Natur pur

Lassen Sie sich auf einer Fahrt mit den norwegischen Postschiffen von einzigartigen Natureindrücken faszinieren. Von Bergen bis nach Kirkenes eine lange Erlebnisstrecke. Garantiert ohne Stau.

HURTIGRUTEN – Die schönste Seereise der Welt.

Informationen im guten Reisebüro oder bei NSA Norwegische Schiffahrts-Agentur GmbH, Postfach 11 08 33, 20408 Hamburg, Telefon 0 40/37 69 30, Fax 0 40/36 41 77

TRAVELLER'S World

INDIAN SUMMER Die Farbe des Waldes per Telefon

Im Nordosten der USA beginnt im September der Indian Summer, ein Naturschauspiel, das jedes Jahr Scharen von *leaf peepers* in die bunten Herbstwälder lockt. Von den Neuengland-Staaten wandert der Herbst langsam gen Süden, in die Region um die Großen Seen, nach Oklahoma, Illinois, Missouri oder Arkansas. Es gibt sogar Telefonansagedienste, die bis Mitte November über den aktuellen Stand der Laubfärbung informieren. Hier die Nummern der zehn wichtigsten *fall foliage hot lines*:
USA gesamt (Forest Service) 800-354-4595*, **New Hampshire (Neuengland)** 800-258-3608*, **Vermont (Neuengland)** 001-802-828-3239, **Massachusetts (Neuengland)** 800-227-6277*, **New Jersey** 001-609-292-2470, **Michigan (Great Lakes)** 800-644-3255*, **Wisconsin** 800-432-8747*, **Minnesota** 800-657-3700*, **Virginia (Shenandoah National Park)** 001-540-999-3500, **Pennsylvania** 800-3255-4672*
(*gebührenfrei, aber nur in den USA anwählbar)

Gut & günstig

Sprit gratis: Bis 30. November schenkt der Autovermieter Hertz seinen Kunden, die Mietwagen aus den Programmen »Affordable USA« und »USA on Wheels« buchen, eine Tankfüllung Benzin (Info: im Reisebüro). **Hurtig preiswert:** Einwöchige Kreuzfahrten mit den Postdampfern der Hurtigruten von Bergen nach Tromsö offeriert Wolters Reisen im Oktober ab 1990 Mark (pro Person in der Doppelkabine). Inklusive: Vollpension (ohne Getränke), Bahnfahrt von Oslo nach Bergen, Linienflug Tromsö–Oslo und die Fährpassagen von Kiel nach Oslo und zurück. Info: 0421-8 99 90. **Öko-Rabatt:** Wer in den Washingtoner Hotels »The Embassy« und »Windsor Inn« mindestens drei Tage bucht und während dieser Zeit weder Bettwäsche noch Handtücher wechseln läßt, zahlt pro Tag nur eine ermäßigte *green rate* von 50 Dollar. **Zimmer frei:** 713 österreichische Hotels und Pensionen bieten Familien mit Kindern unter 12 Jahren vom 1. September bis 3. November ein Gratis-Zimmer für den Nachwuchs an (Info: 089-66 67 01 00).

Typisch Arkona: Zimmer mit Aussicht

Das Leben ist viel zu kurz, um Langeweile aufkommen zu lassen! Kommen Sie raus ins Vergnügen und ein paar Tage dahin, wo das Leben schön ist. Frische Meeresluft atmen, am feinen Sandstrand dösen, durch historische Städte bummeln und sich nach Strich und Faden verwöhnen lassen:
Die Arkona Hotels sind 4-Sterne-Häuser in bester Innenstadt- oder Strandlage. Ein Wellness-Club gehört ebenso dazu wie eine hervorragende Küche und ein attraktives Ambiente.
Also! Koffer auf, Sachen 'rein… und Tschüß!
Sie werden schon sehen: **so schön kann das Leben sein …**

FLIEGEN SIE AM WOCHENENDE MAL AUS!

ARKONA HOTELS

HOTEL STADT HAMBURG, WISMAR

HOTEL NEPTUN, ROSTOCK-WARNEMÜNDE

STRAND-HOTEL HÜBNER, ROSTOCK-WARNEMÜNDE

HOTEL BALTIC, STRALSUND

HOTEL VOLTAIRE, POTSDAM

HOTEL THÜRINGER HOF, EISENACH

Kopf hoch! Das nächste Wochenende kommt bestimmt!

Infos und Unterlagen gewünscht?
ARKONA HOTELS im Hotel Neptun
Seestr. 19 · 18119 Rostock-Warnemünde
Tel. 0381/777 861 · Fax 0381/777 400

Darf's ein bißchen Meer sein?
Kreuzfahrten auf der AIDA.
Infos unter Telefon 06102 - 71 20 20

DAS EXPERTEN-INTERVIEW **Hotelzimmer. Gebucht ist gebucht**

Das Frankfurter Amtsgericht verurteilte einen Mann, ein Hotelzimmer zu bezahlen, das er reserviert, aber gar nicht benutzt hatte (AZ 33C 632/96-67). »Ist das gängige Rechtspraxis?« fragte GEO SAISON den Kemptener Reiserechtler Prof. Dr. Ernst Führich.

Führich: Das gilt in Deutschland seit eh und je! Nur waren in der Vergangenheit viele Hoteliers in dieser Hinsicht kulanter, weil die Geschäfte gut liefen. Jetzt scheinen sie gegenüber Privatkunden vermehrt auf ihre Rechte zu pochen.

Dann ist ein Hotelgast in Deutschland ja rechtlich schlechter gestellt als jeder Pauschalurlauber! Der kann immerhin bis zu vier Wochen vor Abreise gegen eine Stornogebühr von rund vier Prozent vom Vertrag zurücktreten!

Führich: Stimmt. Das Vertragsverhältnis zwischen Hotelier und Gast kennt keine Stornofristen, sondern nur den Grundsatz »Gebucht ist gebucht«. Der Hotelvertrag ist geschlossen, sobald das Zimmer bestellt und zugesagt worden ist, oder, falls eine Zusage zeitlich nicht mehr möglich war, bereitgestellt wird. Der Grund der Verhinderung spielt dabei keine Rolle.

Warum mußte der Beklagte im Frankfurter Fall nur 80 Prozent des Preises zahlen?

Führich: Der Hotelier ist verpflichtet, vom vereinbarten oder betriebsüblichen Preis einen bestimmten Betrag abzuziehen, wenn der Gast zusätzliche Leistungen – zum Beispiel Mahlzeiten – gebucht, aber nicht in Anspruch genommen hat. Bei Zimmer mit Frühstück ist ein Abzug von 10 bis 20 Prozent handelsüblich, bei Halbpension um 30 Prozent, bei Vollpension um 40 Prozent.

Muß der verhinderte Gast auch zahlen, wenn der Hotelier sein Zimmer weitervermietet?

Führich: Im Prinzip ja. Es sei denn, der Kunde kann nachweisen, daß das Hotel zum fraglichen Zeitpunkt zu 100 Prozent ausgebucht war. Aber weisen Sie das mal einem Hotelier nach!

Gilt der Grundsatz »Gebucht ist gebucht« im Ausland?

Führich: Ja. Insbesondere in den USA, wo viele Hotels bei der Reservierung die Kreditkartennummer verlangen und bei Nichterscheinen des Gastes den Zimmerpreis vom Kartenkonto abbuchen.

Interview: Thomar Hopfgarten

GEO SAISON
Nordamerika 9/96

NORDAMERIKA

Auszug aus dem 40-Seiten Katalog '96/97:

SUPERCITY TORONTO
8-Tage Städtereise
mit CANANDA 3000............ab DM **888,-**

NEW YORK ENTDECKEN
6-Tage-Städtereise
mit SINGAPORE AIRLINES.......ab DM **995,-**

VANCOUVER ENTDECKEN
7-Tage-Städtereise
mit LUFTHANSA ....ab DM **1.390,-**

IMPRESSIONEN DES OSTENS
9-Tage Erlebnisreise
mit LUFTHANSA ....ab DM **1.995,-**

WHISTLER – SKI TOTAL IN KANADA
11-Tage Erlebnisreise inkl. Skipaß
mit LUFTHANSA ....ab DM **2.295,-**

KANADAS WESTL. PROVINZEN
11-Tage Erlebnisreise
mit LUFTHANSA ....ab DM **2.795,-**

DER TIEFE SÜDEN DER USA
11-Tage Erlebnisreise
mit LUFTHANSA ....ab DM **2.975,-**

Informationen und Kataloge in jedem
Euro Lloyd Reisebüro URLAUBSREISEN
Tel.: 0180 - 3 25 75 25
in führenden Reisebüros oder bei

Studien- und Erlebnisreisen
24118 Kiel · Holzkoppelweg 19a

"SIMPLY THE BEST."*

Die perfekte Harmonie des BMW 750i hat auto motor und sport (*24/94) rundum begeistert. "Simply the best", so lautete das Testurteil. Dabei überzeugten die seidenweiche Kraft aus zwölf Zylindern – der Inbegriff von Fahrkultur – und das BMW typische leichte und spontane Handling. Die elegante Linienführung des Designs beeindruckt genauso wie die äußerst exklusive und edle Innenraumgestaltung. Lassen auch Sie sich begeistern.

Weitere Informationen unter Tel.: 0180/2 12 34 80, Fax: 089/4 70 81-62/63, über BTX: ✱BMW# oder per e-mail: bmwinfo@bmw.de

FREUDE AM FAHREN

Reisen in die eigene Welt:

Lassen Sie sich überraschen. Zwischen Ostsee und Alpen gibt es noch viele Winkel von unverdorbener Schönheit. Zwölf Ziele stellen wir Ihnen vor. Aber die eigentliche Entdeckung ist das ganze Land.

DEUTSCHLAND

Sonnenuntergang am See: So romantisch kann Deutschland sein

Typisch Sieseby: reetgedeckte Katen, blühende Bauerngärten

Halb Fluß, halb Meer: Schimmelreiterin in Deutschlands längstem Fjord

Unsere kleine Badebucht liegt versteckt hinter dem mannshohen Schilf. Gerade mal zwei Liegetücher haben auf dem winzigen Sandstrand Platz. Ringsum nur Wasser, Wiesen, Felder, von Knicks durchzogen. Ein einsamer Reiter am Ufer. Wir zählen die Wolken. Sie sehen aus wie Meerrettichsahne-Kleckse auf einem Heringsteller...

Eine Lautsprecherstimme zerreißt meinen Tagtraum. Erklärungen für Gäste auf einem Ausflugsdampfer: »Die Schlei ist ein 42 Kilometer langer Fjord, von Schleswig im Binnenland bis Schleimünde an der Ostsee...« Das Schiff fährt weiter, vorbei an Dörfern wie Sieseby, Guckelsby, Kopperby und Grödersby, vorbei an der Fischersiedlung Holm, an Liegewiesen, Naturbadestränden und Bootsstegen, auch an Gütern und Herrenhäusern, Aalräuchereien und reetgedeckten Bauernkaten, vor denen manchmal ein Bentley mit Hamburger Kennzeichen parkt.

Vor tausend Jahren war hier das größte Handelszentrum des Nordens. Heute noch finden Archäologen in den Nooren – Ausbuchtungen, die weit ins Land hineinragen – Spuren der alten Wikingersiedlung, transportieren die gefundenen Schätze nach Haithabu, in das Museum mit seinen Picknicktischen direkt am Wasser.

Wir verlassen unseren Badeplatz, radeln weiter, auf Schleichwegen am Ufer entlang, und kaufen frisch gefangenen Hering direkt vom Boot. Der Fischer jammert, daß die Preise immer noch die gleichen seien wie in den fünfziger Jahren, als er anfing. »Da kann doch was nicht stimmen«, sagt er. Aber sonst stimmt fast alles in dem stillen Ländchen rechts und links dieser Förde. *Heidrun Kayser*

Weitere Informationen auf den Seiten 50–51

Sieseby, Guckelsby, Kopperby und Gröbersby – und alles an der SCHLEI

Durchatmen! Freier Blick vom WETTERSTEIN

Nur wenige Menschen nehme ich mit auf diesen Berg. Sie müssen trittfest, in Maßen schwindelfrei sein und dürfen beim Steigen nicht gleich ins Schnaufen kommen. Von Anfang an geht es nämlich zügig zur Sache, bergauf also, drei stramme Stunden lang. Oberhalb des Gamsangers, eines Rast- und Brotzeitplatzes fast von Gottes Gnaden, muß man mit den Händen hinlangen. Schrofenkletterei nennt man das, ist aber harmlos. Am Gipfelkreuz (2297 Meter) werden wir ziemlich unter uns sein. Denn die Obere Wettersteinspitze erscheint in keinem der Bildbände mit immer wieder den gleichen hundert »schönsten Gipfeltouren der Alpen«. Das qualifiziert sie als etwas Besonderes. Eine Autostunde südlich von München, wo es von Alpinisten nur so wimmelt, gibt es nicht mehr viele reputierliche Berge, die im verborgenen stehen.

Gut auch, daß er nicht so hoch ist, man kann mit ihm nicht renommieren! Die mächtige Wettersteinwand, in dem sie ein Zacken ist, steigert sich nach Westen zu bedeutend: Wettersteinkopf 2483 Meter, Dreitorspitze 2633 Meter, Zugspitze 2962 Meter. Ein paar Kilometer Luftlinien-Distanz also nur bis zu Deutschlands höchstem Berg. Doch mir ist es lieber, ich bin hier als dort, wo sich zur Zeit vermutlich 5000 Bahntouristen drängen, Currywurst mit Pommes mampfen und ihren Bauch in der Höhensonne rosarot brutzeln lassen.

Dankbar muß man darüber trotzdem sein: Je mehr Menschen auf der Zugspitze sind, desto weniger bleiben für meinen Berg übrig! Die Aussicht aber ist fast so toll wie drüben: Berge und Täler »rundumadum«! Im Süden die Gletscher von Tirol, im Norden das Oberland, tief unten das schöne Werdenfelser Land zwischen Garmisch-Partenkirchen und Mittenwald und zu unseren Füßen, fast zum Hineinspringen, zwei wasserblaue Augen, Lauter- und Ferchensee genannt!

Heinz Eckart Rübesamen

Weitere Informationen auf Seite 51

*L*ohn des Aufstiegs: Wanderer vor dem Schattenriß des Karwendelgebirges

*G*raue Eminenz über der Alm: der Wetterstein

Wohngemeinschaft über der Diemel –
WARBURG in Westfalen

Jüdisches Erbe: unbekannte deutsche Stadt mit weltberühmtem Namen

Fachwerk aus dem Mittelalter: Warburgs alte Gassen

Alles ist an seinem Ort: die Treppengiebel alter Patrizierhäuser, buckelige Gassen, an der Stadtmauer Wachtürme mit Haubendächern. Unten fließt die Diemel träge vorbei. Von den Türmen der St. Johannes Baptist und der Altstädter Marienkirche schlägt im Gleichklang die Viertelstunde. Sonst ist es still in der Stadt, so still, daß man das Rauschen in den Bäumen und den Vogelgesang hört.

Warburg hat noch mehr: Bürger, die es selbstverständlich finden, daß sie in der dritten, vierten Generation in ihren Fachwerkhäusern beisammen wohnen, sich in ihren Stammkneipen mit der Beiläufigkeit einer Großfamilie treffen, in ihren alten krummen Straßen spazierengehen. Und eine wundervolle Landschaft drumherum mit Vulkankegeln, Burgruine, der Diemel zum Baden, Wäldern zum Wandern und Bauernhöfen, wo man selbstgemachte Wurst und Käse einkauft.

Der Name der Stadt ist weltberühmt. Die Broker von New York sind mit Warburg genauso vertraut wie mit dem Aktienbarometer Dow Jones. Eine Familie jüdischer Kaufleute hat den Namen im neunzehnten Jahrhundert in die Welt getragen. Max Warburg legte das Fundament für eine weltberühmte Bankendynastie. Nach seinem Bruder Aby, dem Begründer der modernen Kunstgeschichte, heißt die wichtigste kulturwissenschaftliche Bibliothek der Welt in London.

Unsere verschlafene Stadt hingegen weiß nichts davon. 1927, so zeigt eine Urkunde im Museum, wurde Max Warburg zum Ehrenmitglied der Warburger Feuerwehr ernannt, weil er für eine neue Wasserspritze gespendet hatte. Danach kamen Ausrottung und Vertreibung, auch der großen jüdischen Gemeinde von Warburg. Eine sehr deutsche Geschichte in unserem sehr deutschen, idyllischen Städtchen.

Dirk Schümer

Weitere Informationen auf Seite 52

Sanfter Aufschwung Ost: das VOGTLAND IN SACHSEN

Das erste Mal hatten wir uns im Erzgebirge getroffen, in Hartenstein. Beim steilen Anstieg hinauf zum »Forsthaus zur Prinzenhöhle« habe ich ihn überholt, dann saßen wir stumm schnaufend nebeneinander auf der Terrasse, blickten über die stillgelegten Schächte eines Bergwerks auf den leuchtenden Wald, aßen Hirschsteaks und tranken Wernesgrüner Bier. Schließlich sagte er in unnachahmlichem Sächsisch: »Ist es nicht wunderschön hier?« Mehr nicht.

Traditionsverein: die Muldenberger Flößer

Felder mit hingestreuten Hügeln: Huckelkuchen sagen die Einheimischen dazu

Das zweite Mal trafen wir uns auf dem »Balkon des Vogtlands«, wie das bis 800 Meter hoch gelegene Städtchen Schöneck genannt wird. Wir hatten den Alten Söll bestiegen, einen Aussichtsfelsen, von dem aus das Vogtland zu überblicken ist: der Lauf des Flüßchens Zwota, der Muldenberg-Stausee, die Rapsfelder und viele Dörfer, die alle auf -grün enden: Arnoldsgrün, Hermsgrün, Hundsgrün.

Jetzt begrüßt mich der rundliche Mittsechziger. »Wunderschön«, sagt Jochen Riebschläger und atmet demonstrativ die klare Luft aus und ein. Jochen Riebschläger wohnt in Dresden – »mit den neuen Autos nur noch eine Stunde von hier« – und findet es einfach phantastisch, daß ein aus Berlin stammender Preuße wie ich das Vogtland mag. Und er genießt es, mit seiner »Heimatkunde« ein bißchen anzugeben: »Wir Sachsen nennen die Gegend schlicht ›Huckelkuchen‹ wegen der vielen Hügel und Flußtäler.«

Und dann berichtet der Dresdener von der größten Ziegelsteinbrücke der Welt über das Göltzschtal, von den »Syrauer Gardinen« in der Tropfsteinhöhle hinter Plauen und von Sigmund Jähn, dem ersten Deutschen im Weltall, der auch ein Vogtländer war und dem in seinem Heimatort ein kleines Museum gewidmet ist. Ich sitze da und schaue in die Landschaft. Schön ist es hier. Und dann höre ich Jochen Riebschläger sagen: »Ist es nicht wunderschön?«
Dirk Lehmann

Weitere Informationen auf Seite 53

Versteckt hinter Bäumen: der Nonnenmatt-Weiher, ein einsamer See im Hochschwarzwald

Ganz links der »Adler«: Bei Oma Kropf trinken die Rieder ihren Schoppen

Manchem fährt hier nachts die Romantik ins Gemüt, bei klarem Himmel und kalter Dezemberluft und sauberem Schnee, auf dem Heimweg vom »Hirschen« unten im Tal in Elbenschwand. Manche wandern still und stundenlang. Und manche schreien nur: »Wo ist die Kneipe?« »Bratwurst!« »Kartoffelsalat!« Den gibt's drüben im »Adler«, solange es Oma Kropf noch schafft.

Der »Adler«: Ein mächtiges, wuchtiges, würdiges Gebäude, und in der Schänke steht der alte Herr Kropf, gelernter Metzger, und sagt das Offensichtliche: »So, isch mo au do.« Und er serviert Bratwürste (aber bloß abends), über die gibt es gar nichts zu sagen, nur: probieren.

Ried liegt im Hochschwarzwald. 600 Meter weit oben, und es thront wie auf einer Kanzel über dem Tal. Manchmal, vor allem im Winter, ruht das Dorf über den Wolken, statt des Tals nichts als Watte und am Horizont, 60 Kilometer weit weg: die Alpen.

Zimmer gibt's im »Adler«, natürlich, oder bei Schneiders gegenüber, mit Milch und Eiern aus dem Stall und dem Weißbrot mit der strammen Kruste, das die Nachbarin Erna bäckt.

Weil aber nichts bleibt, wie es war, gab es letztes Jahr ein trauriges Silvesterfest. Das »Lädle« machte zu. Hier fand sich alles vom Pflaster bis zum Backpulver. Jetzt muß man wegen jedem Mist nach Schopfheim ins Tal.

Der Tourist trauert mit und hofft, daß Ried ansonsten bleibt, was es ist.

Der Tourist fällt im Winter aus dem Haus raus in die Loipe, und im Sommer kann er sich im Wald verirren, aber immer kommt irgendwann eine Wirtschaft, die ordentlichen Wurstsalat zustande bringt. Und abends drei Kilometer zu Fuß nach Schwand, dort einen Schnaps und wieder drei Kilometer zurück, mitten auf der Straße, und kein Schwein hupt vorbei. *Arno Luik*

Weitere Informationen auf Seite 54

Im SCHWARZWÄLDER RIED
geht's um die Wurst

SCHORFHEIDE:
Naturwunder vor den Toren Berlins

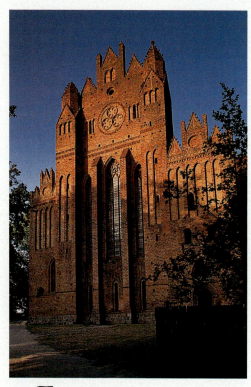

Ein Rest Gotik: Klosterruine Chorin

So ist das also: Erdgeschichtlich hat diese Gegend noch die Pubertät vor sich. Die Schorfheide-Chorin entstand vor circa 15 000 Jahren, als sich die Gletscher verkrochen und das Relief des Choriner Endmoränenbogens hinterließen. Soviel habe ich vom Vortrag eines Geologie-Professors mitbekommen, der mit seinen Studenten auf Exkursions-Tour im Biosphärenreservat ist.

Wir stehen – ich habe mich dazugedrängelt – auf der sanften Kuppe des Kleinen Rummelsberges und überblicken die Landschaft: gelbe Rapsfelder, grüne Wiesen, Schilf in silbrig schimmernden Mooren, Buchen, Birken, Eichen. Zwischen den Hügeln glitzern der kleine Wesensee und der große Parsteiner See. Hinter einem Buckel ragt der Kirchturm von Brodowin hervor, wo die Dorfbewohner jedes Jahr ungeduldig auf »ihre« Störche warten.

1291 Quadratkilometer Ur-Landschaft: Nach dem Wattenmeer ist die Schorfheide das größte geschützte Gebiet Deutschlands.

Meine Lieblingsszenerie in diesem Naturschauspiel ist Poratz. Durch das Dorf führt die holprigste

Seen, Moore und Wälder: Seit die Gletscher schmolzen, blieb die Natur sich selbst überlassen

Straße, die ich je in meinem Leben gesehen habe. Zur Mitte erheben sich die dicken Katzenköpfe zu einem aberwitzigen Buckel. Im Schatten der Bäume reihen sich kleine Ziegelhäuser aneinander. Auf den Holzbänken davor hocken Männer im Landwirtsdrillich oder Frauen in blumenbunten Sommerkleidern.

Einmal habe ich mich dazugesetzt, zu Ursula Mankowski. Seit ihrer Geburt – 1924 – lebt sie in Poratz, seit 69 Jahren im selben Haus. Ich schwärme von der Schönheit der Natur, von langen Spaziergängen, Libellen und Bibern. Sie berichtet, daß das fließende Wasser erst vor wenigen Jahren ins Dorf gekommen sei. Kurz nach der Elektrizität. Aber sie könne sich nicht genau erinnern, wann das war. *Dirk Lehmann*

Weitere Informationen auf Seite 55

Sonntagsvergnügen am See: Der Biergarten reicht fast bis ans Ufer

Ehrenwort. Schöner als in Maising kann man in Bayern einen Sommersonntag nicht verbringen. Aufregender vielleicht, aber nicht schöner. Wenn man von Starnberg kommt, liegt vor Maising die Schlucht, die ein Bach im Lauf der Jahrtausende gegraben hat. Und er plätschert, ja, wirklich, während man an ihm entlangwandert. Über einem die Bäume, neben einem die Felshöhlen. Am Wegesrand wachsen Blumen. Maising selbst ist ein Dorf, wie es sein sollte und wie es kaum mehr eines gibt: in der Mitte die Kirche, drumherum der Friedhof; Bauernhöfe, die noch bewirtschaftet werden und die fast alle so alt und schön sind, daß man ihnen die Entdeckung durch eine Fernsehserie ersparen möchte. Wenige Bausünden, ein paar Häuser nur mit Eternitplatten, vier, fünf Satellitenschüsseln. Hinter Maising liegt der kleine Moorsee im Naturschutzgebiet: zum Umrunden, zum Baden. Und die wahre Sensation ist natürlich, daß die Biergartentische direkt am Seeufer stehen. Davon träumt jeder Bayer: zwischen den Maßen mal eben schwimmen gehen.

Vielleicht ist das wirklich Großartige an diesem Idyll, daß es wie aus Versehen erschaffen erscheint. Unauffällig hingetupft ins Fünf-Seen-Land, fehlt Maising alles Spektakuläre, alles Schicke und ist es gerade deshalb so, wie man sich Oberbayern wünscht. Und kaum fünf Kilometer weiter, am Starnberger See, hat Kaiserin Sissy gelebt und ist König Ludwig gestorben, was jedes Wochenende mit einer Porsche-Prozession gefeiert wird.

Nicht, daß man am Maisinger See allein wäre an einem Sonntag im Sommer, doch die Friedlichkeit,

Ganz in Rot: ein Stück Himmel auf Erden

die diese Landschaft ausstrahlt, überträgt sich auch auf die Menschen. Kinder spielen, Hunde tollen, die fertigen Schweinswürstel werden von der Küche ausgerufen, und am Horizont winken die Berge. Warum bleibt man eigentlich nicht hier? Sagen wir mal: für immer? *Susanne Schneider*

Weitere Informationen auf Seite 56

Der MAISINGER SEE:
ein urbayerisches Feuchtbiotop

Das PFÄLZER LAND:
auf Umwegen zum guten Geschmack

Gesegnetes Land:
Kapelle im Weinberg bei
Klingenmünster

Dem politischen Kabarett verdankt die Pfalz seit 1982 eine gewisse Popularität. Ich habe sie für mich erst später entdeckt, wenn auch, wie ich zugebe, auf der Suche nach dem veritablen Saumagen. (Der kann, wenn er von einem begabten Koch zubereitet wird, ganz ordentlich sein.)

Da ich, wenn es um die Schönheit der heimischen Landschaft geht, ein heilloser Romantiker bin, verfiel ich den Städtchen entlang der Deutschen Weinstraße auf den ersten Blick: Birkweiler zum Beispiel, St. Martin, Freinsheim, Deidesheim. Die Stilmischung aus Gründerzeit und Barock erscheint mir reizvoller als die Fachwerk-Monokulturen anderer Landschaften, zumal sich hier moderne Betonarchitektur nicht so aufdrängt.

Schließlich finde ich es beruhigend zu sehen, daß Pfälzer Winzer sich schon im vorigen Jahrhun-

Zur Feier der Lese: Weinfest in Bad Dürkheim

dert stattliche Häuser gebaut haben, was ja auf ebenso stattliche Qualitäten ihrer Weine schließen läßt. Diese sind heute über jeden Zweifel erhaben. Die Rieslinge und Rieslaner, wie sie zwischen Siebeldingen und Bad Dürkheim auf Flaschen gefüllt werden, gehören zu meinen liebsten Weißweinen. Und die Gewürztraminer geraten außerhalb des Elsaß nirgends so gut wie hier.

Da bedarf es nur noch einer guten Küche, damit ich verständnislos den vielen nachblicke, die ihr Glück in der Karibik oder den Golfstaaten suchen. Die Pfälzer Küche, so wie sie heute in schätzungsweise fünfzig Restaurants – insbesondere auch im »Schwarzen Hahn« im Deidesheimer Hof – praktiziert wird, ist keine Spur weniger delikat als die Badische, nur hat sie keine Lobby.

Deftig, ja; das gehört zur Deutschen Küche schlechthin. Aber gleichzeitig entwickeln Pfälzer Köche viel Phantasie, damit Plumpheit vermieden wird und jene Verfeinerung zustande kommt, die eine rustikale Regionalküche bemerkenswert macht. Deshalb gefällt's mir hier. *Wolfram Siebeck*

Weitere Informationen auf den Seiten 56–57

KAMMINKE AUF USEDOM:
wie ein Kapitel Fontane

Da springen die Barsche: Fischer im Oderhaff

Lagune an der Flußmündung: Die Insel Usedom bietet Schutz vor dem offenen Meer

Das Fischerdörfchen Kamminke mit seinen 400 Einwohnern verbirgt sich am Binnenwasser der Insel, dem Oderhaff, und am Ortsrand beginnt schon Polen. Weiter östlich geht Deutschland nicht.

Als ich das erstemal nach Kamminke geriet, außerhalb der Saison, und unten am winzigen Hafen stand, fühlte ich mich am Ende der Welt. Riesig die Wasserfläche des Boddens, das Festland mit Ueckermünde auf der anderen Seite kaum zu erkennen. Im Sommer fahren Ausflugsdampfer rüber nach Polen, nach Stettin oder Swinemünde, aber am schönsten ist Kamminke, wenn der letzte Bus verschwunden ist: ein verträumtes pommersches Kaff wie in den 20er Jahren.

Auch Kamminke hat sich gebeugt unter der Last der Zeit. Verschwunden ist, endlich, der Jagdgast Erich Mielke, aufgelöst der Fliegerhorst der Nationalen Volksarmee im benachbarten Garz, und langsam erholt sich das Haff von den Umwelt-Belastungen, weil auch die Oder sauberer geworden ist. Zander, Bleie, Plötzen, Barsche, Flunder und Ostseelachs gibt es wieder, aber nur zwei Fischer, die noch aufs Haff hinausfahren. 34 sind es 1865 gewesen.

In den Binsen- und Rohrkämpen wartet der Fischreiher auf seine Beute, seltener der Kormoran und vereinzelt auch noch der Fischadler. Eine Landschaft zum Radfahren und Spazierengehen.

Einer hat Kamminke schon lange vor mir entdeckt: »Auf einer Fähre setzten wir nach der Insel Usedom über und fuhren dem Ziele zu«, schreibt Theodor Fontane in »Meine Kinderjahre«. »Das letzte Dorf hieß Kamminke. Die niedergehende Sonne stand schon hinter den Tennen. Bald hörte der Wald auf, ein chaussierter Weg, von dem aus man ein weites Moor überblicken konnte, darauf zahllose Torfpyramiden standen.« Die Torfpyramiden sind verschwunden, aber viel mehr hat sich seit Fontane nicht verändert.

Wolf Thieme

Weitere Informationen auf Seite 58

Das LAUTERTAL,
»d'r Juwel von d'r Alb«

Was für ein Nachmittag: Am Himmel weiße Federwölkchen, im Krug frischer Most aus Äpfeln und Johannisbeeren. Die Kerle, die mit mir am Tisch sitzen, überlegen. Vor mir liegt der aufgeschlagene Notizblock und hinter mir die Frage nach dem Charakter der Lautertaler. Zunächst sagen sie »zäh«, dann »stur« und dann, ganz zum Schluß, »manchmal auch hinterwäldlerisch«.

Die Schwäbische Alb liegt südlich von Stuttgart, zwischen Reutlingen und der Donau. Ein Hochplateau mit frischen Sommern, eisigen Wintern und dem härtesten Dialekt Deutschlands. Viel Natur gibt es hier oben und wenig Industrie. Der schönste aller Flecken ist das Große Lautertal, »d'r Juwel von d'r Alb«.

In weiten Schleifen und durch enge Schluchten schwingt die Große Lauter hinab ins Donautal. Auf über vierzig Kilometer satte Wiesen, lichte Buchenwälder und Wacholderbüsche. Dazwischen karstweiße Felsenfäuste, von denen alte Burgruinen grüßen, über zwanzig. Und dann noch diese netten Dörfer am glucksenden Bach.

Anhausen etwa. Der Weiler liegt dort, wo die Große Lauter ganz der Natur gehört. Keine Straße führt hier mehr lang, nur schmale Wurzelwege. Das Backhaus gibt es noch. Und noch das alte Wirtshaus, ein rechtschaffenes, wo's jeden Dienstagmorgen der Sau graust – wenn der Wirt sich ans Schlachten macht.

Im »Adler« stimmt das Essen. Und der Stammtisch, mittwochs um vier. Dann kommen die Alten und lassen der Vergangenheit freien Lauf. Erinnern an früher, als die Weiber auf dem Feld noch Stehbrunzhosen trugen und die Bauern mit Wacholderholz hausieren gingen. Und wenn sie nach dem dritten Bier die Gegenwart abwandern, dann hebt sich stolz der sture Geist. Und schwebt erhaben über »d'r Juwel«, der bis heute hübsch hinterwäldlerisch geblieben ist.
Michael Dietrich

Weitere Informationen auf Seite 59

Buntes Buchenlaub, Rauhreif auf der Wiese: Schön ist der Herbst auf der Alb

Ofenwarm: Jeden Mittwoch ist Backtag

ELBTALAUE:
Und alles ist im Fluß

Als wäre hier die Welt zu Ende: Uferweg in Dömitz

...wie sie sich suhlt und schlängelt in ihrem Bett, leise gluckst, behaglich murmelt, sacht über die Ufer tritt, die alten Eichen umspielt, wie sie sich dehnt und teilt und fast verliert, so hat sie nicht ihresgleichen in Europa, so ungezwungen, so frei... und nirgendwo freier als auf jenen knapp hundert Kilometern zwischen Schnackenburg und Lauenburg, wo die Elbe als innerdeutsche Grenze herhalten mußte und dadurch dem Zugriff der Zeit entzogen war, so daß sie sich bis heute so ungezwungen verlaufen kann wie im Urstrom... wer heute auf die andere Seite will, muß vorausplanen, nur eine einzige Brücke und einige Fähren queren, der Fluß ist mächtig... und schön, wenn sich Gewitterwolken in seiner Lasur spiegeln, wenn er glänzt wie eine Straße aus geschliffenem Achat, zwischen taubenblau und bronzefarben wechselnd, flankiert vom faulen Grün der Weiden, dazwischen stille, samtschwarze Altarme... die Aue, eine Landschaft aus Vokalen, eine amphibische Welt, wechselnaß... und reich... Reiher segeln über die Buhnen, Eisvögel und Bekassinen spähen durchs Schilf, Biber wirtschaften im Gehölz, über allem tönt das

Wie sie sacht über die Ufer tritt, sich dehnt und teilt: Blick vom Kniepenberg auf die Elbe bei Drethem

Froschparlament... es besteht wieder unverbaute Sicht, jetzt, da die Grenzposten weg sind, die Zäune, Türme, Schießanlagen demontiert wurden und nur noch in skurrilen Grenzlandmuseen ausgestellt sind, deren Höhepunkt Rüterberg bildet, das rundum von Stacheldrahtzäunen umgeben war und allabendlich zugesperrt wurde wie ein Schuppen, jetzt nennt es sich Freie Dorfrepublik... wobei nur der Strom die Freiheit der Anwohner einschränkt: Ob Schulbus oder Lastwagen, alles muß auf die Fähre, und beständig zwingt das Labyrinth der Altarme und Flutrinnen zu Umwegen – aber das eben wäre die elbländische Lektion, die Schönheit von Hindernissen... *Stefan Schomann*

Weitere Informationen auf den Seiten 60–61

Der STAFFELBERG –
ein Fels für jede Jahreszeit

Am intensivsten wirkt der Berg, wenn sonst niemand oben ist. Das ganze Plateau habe ich dann für mich. Flaniere von der Kapelle zum östlichen Rand, blicke auf die Hochflächen der Fränkischen Alb, kehre um, gehe 500 Schritte. Dann Blicke übers Maintal. Unten rauscht das Leben. Der Alltag der Städte Staffelstein und Lichtenfels. Ein Intercity auf dem Weg nach Berlin. Die Obermain Therme, mit ihren buntbetupften Liegewiesen. Das alles ist ein halbe Wegstunde entfernt. Und gut 250 Höhenmeter. Und es ist so weit. Ich setze mich auf die Felsen unterm Kreuz.

»Ich saz ûf eime steine.« Da ist es: das Walther-von-der-Vogelweide-Gefühl. Ich hocke auf diesem klitzekleinen Gebirge, und die Natur kriecht mir unter die Haut. Im Sommer habe ich schon mal vor Hitze das Frösteln gekriegt; im Winter pieksen die windgejagten Schneeflocken das Gesicht. Es hat auch Augenblicke gegeben, da guckte ich der Sonne zu, wie sie als glutrote Scheibe in Richtung Amerika oder sonstwo wanderte. Und ich war frühmorgens dort oben, da schob sie sich von Osten über den Horizont. Oder ich mummte mich tiefer in den wärmenden Anorak und ließ den Vollmond Beleuchter spielen: Die Kapelle auf dem Plateau wandelte sich zum silbergrauen Schattenriß. Oder der Staffelberg im Nebel: Ich ahne gerade mal die Schemen der Föhren am Fuß der Felsen, und mir wird schwindlig, wenn ich den Wolkenfetzen zusehe, wie sie übers Land hetzen.

Kein Tag dort oben ist wie der andere: Mal habe ich den Blick frei für die großen Dinge des Lebens, mal erstarre ich vor einer unscheinbaren Versteinerung. Mal plane ich Wichtigkeiten, sinniere über vergangene Erlebnisse, ein andermal knipse ich das Denken aus und überlasse mich dem Gefühl, das da oben aufkommen mag. *Detlef Vetten*

Weitere Informationen auf Seite 62

Ich saz ûf eime steine«: Wahrzeichen der Fränkischen Alb

Der Ort zum Berg: Staffelstein am Main

Nähere Informationen über die Ausstattungspakete der Audi A6 Professional Line (Komfort, Leder, Sport, Ambiente, Ambiente Plus)

Die Nebelscheinwerfer.

Das Sportlederlenkrad.

Die Radio-Cassetten-Anlage und die Klimaautomatik.

Sparen Sie am Geld. Nicht an der Ausstattung.

Jetzt leasen: den Audi A6 mit den Ausstat

erhalten Sie kostenlos unter 01 30/23 24. Für eine Probefahrt und weitere Leasingangebote wenden Sie sich bitte an Ihren Audi Partner.

Die Kodiaklederausstattung.

Das Innenlichtpaket.

Die Alu-Gußräder.

Rechts und links sehen Sie einige Ausstattungselemente der Audi A6 Professional Line. Und hier ein konkretes Beispiel: der Audi A6 Pro Line Komfort mit 1,8-l-Fünfventil-Motor und Diebstahlwarnanlage, Klimaautomatik, Jacquard-Satin-Sitzen, Alu-Gußrädern, Winterpaket, Metallic-Lackierung, Außentemperaturanzeige, Skisack und der Radioanlage „gamma CC" für **420,- DM** monatliche Leasingrate bei 36 Monaten Laufzeit und einer einmaligen Sonderzahlung von 16.215,- DM (ein Angebot der Audi Leasing).

tungspaketen der Professional Line.

Vorsprung durch Technik

INFO Deutschland

Entdeckungsreisen vor der Haustür

Unsere Titelgeschichte lädt Sie ein, zwölf wenig bekannte Orte und Landschaften in Deutschland zu erkunden. Auf den folgenden Seiten finden Sie die Informationen dazu: eine Lagekarte, Hotel- und Restauranttips und – je nach Reiseziel – Wanderrouten, Fährverbindungen, Adressen von Museen, Winzern, Boots- und Fahrradvermietern.

DIE SCHLEI

SCHLAFEN UND SPEISEN

Apparthotel Svenson, Uferweg 1, 24376 Kappeln/Kopperby, Tel. 04642-9 84 00, Fax 98 40 40; EZ 78 bis 98 Mark, DZ 135 Mark (inkl. Frühstück).
Direkt an der Schlei mit schöner Sonnenterrasse. Hier übernachten auch die Fernseh-Crews der ZDF-»Landarzt«-Serie, wenn sie gerade ihre Staffeln an der Schlei drehen.
Hotel Waldschlößchen, Kolonnenweg 152, 24837 Schleswig, Tel. 04621-38 32 84, Fax 38 31 05; EZ 95 bis 145 Mark, DZ 135 bis 185 Mark (inkl. Frühstück).
Am Stadtrand von Schleswig fast im Wald, mit Hallenbad, Sauna und exzellenter Gourmet-Küche.
Ferienhaus. Viele Angebote im Gastgeberverzeichnis der Touristinformation Schleidörfer in Süderbrarup (Tel. 04641-20 47, Fax 34 61).
Schlie Krog, Dorfstr. 19, 24351 Sieseby, Tel. 04352-25 31. Vielgelobtes Feinschmeckerrestaurant.
Missunder Fährhaus, Missunder Fährstr. 33, 24864 Brodersby, Tel. 04622-6 26. Ausflugslokal direkt an der Fähre mit großer Fischauswahl.

ANSCHAUEN

Schleswig-Holsteinisches Landesmuseum, Schloß Gottorf in Schleswig, Tel. 04621-81 32 22.
Exquisite Sammlung von Werken des 20. Jahrhunderts (mit Arbeiten von Nolde, Kokoschka, Barlach, Malern der »Brücke« und vielen anderen).
Holm, die alte Fischersiedlung in Schleswig. Ein Relikt längst vergangener Zeiten: Hexenhäuschen mit barocken Haustüren, Häkelgardinen, Schiffsmodellen in den »Utluchten« (eine Art Erker) und Fischernetzen auf Holzgestellen im Vorgarten.
Wikinger Museum Haithabu, 24837 Haddeby bei Schleswig, Tel. 04621-81 33 00.
Unter Holzkuppelbauten direkt im Schilf der Schlei verstecken sich wertvolle Wikingerfunde. Im Sommer kann man mit dem Boot der Schleswiger Stadtwerke vom Stadthafen direkt ins Museum fahren (Auskunft zwischen 8 und 9 Uhr beim Hafenmeister unter Tel. 04621-8 01 68).

Heringszaun bei Kappeln: Die Fischschwärme kommen jedes Jahr Anfang Mai. Der Zaun schneidet ihnen den Weg ab und leitet sie in die Reusen

Bernsteinmuseum, in der Rurup-Mühle im winzigen Ort Rurup-Land oberhalb von Süderbrarup (Tel. 04641-82 89). Hier darf man Bernstein auch selbst schleifen.

Kräutergarten, vor der Schulhaus-Apotheke, Dorfstr. 29, 24354 Rieseby, Tel. 04355-13 33. Im alten Schulhaus von 1859 verkauft die Apothekerin ihren selbstgebrauten, sehr bekömmlichen Magenbitter.

Heringszaun in Kappeln. Die Fischfanganlage aus dem Jahr 1482 ist einmalig in Europa und wird auch noch benutzt. Komplette Heringsschwärme schwimmen in den weitgeöffneten Rachen des Flechtzauns, der in einer Reuse endet. Die beste Aussicht hat man von der Brücke in Kappeln.

BOOT FAHREN

Mit der **»Wappen von Schleswig«** (Auskunft Tel. 04621-2 33 19) einmal die ganze Schlei befahren, von Schleswig bis Schleimünde. Die Tour dauert etwa drei Stunden.

Oder mit der **Fähre** von Sundacker nach Arnis übersetzen. Die kleinste Stadt

Schlei-Fundstück: Boot im Wikinger-Museum

Schleswig-Holsteins besteht gerade mal aus einer Straße. Dort zum Kaffeetrinken ins himmelblau angemalte Café-Restaurant **»Zur Schleiperle«** (Tel. 04642-20 85). Man sitzt auf einer kleinen Holzterrasse direkt an der Schlei.

Kanu- und Kajakverleih Ingwersen, Lindaufeld 3, 24392 Boren, Tel. 04641-82 84. Boren liegt zwar nicht direkt am Wasser, aber die Boote werden hier nur angemietet und dann am Ufer der Schlei abgeholt.

NACHFRAGEN

Fremdenverkehrsverband Schleswig-Holstein, Niemannsweg 31, 24105 Kiel, Tel. 0431-560 01 00, Fax 560 01 40.

Touristinformation Schleswig, Plessenstr. 7, 24837 Schleswig, Tel. 04621-2 48 78, Fax 2 07 03. *Heidrun Kayser*

OBERE WETTERSTEINSPITZE

BERGSTEIGEN

Obere Wettersteinspitze. Von Mittenwald aus zu Fuß (1 Stunde) oder schneller mit dem Minibus (Fahrplan-Info bei der Kurverwaltung, Tel. 08823-3 39 81) zum Ferchensee, wo der Aufstieg auf die Obere Wettersteinspitze beginnt. Es gibt keine befestigten Wege.

Wanderung zum Schachenhaus, eine Alternative zur Klettertour. Nach zwei bis drei Stunden kommt man zum wundersamen Gebirgs-Refugium König Ludwigs II., mit dem »Orientalischen Saal«. Ausgangspunkt für diese Wanderung sind auch der Ferchensee oder Schloß Elmau.

BADEN

Ferchensee, Stiefel aus und die heißgelaufenen Füße im Ferchenseewasser abkühlen!

SPEISEN

Restaurant Arnspitze, Innsbrucker Str. 68, 82481 Mittenwald, Tel. 08823-24 25 (15 Gault-Millau-Punkte). Feine regionale Küche, sehr empfehlenswert.

SCHLAFEN

Hochlandhütte, 2 Stunden oberhalb von Mittenwald, mit Blick auf die Karwendel-Spitze. Hüttenromantik mit bescheidenstem Komfort bei Dr. Irmtraud Dreßl, promovierter Erziehungswissenschaftlerin (nur bis zum 13. Oktober geöffnet, Tel. 0161-282 22 71). Von dort aus sind auch schöne Touren möglich, zum Beispiel zum Wörnergrat, sonst nur Klettertouren!

Hotel Lautersee, Am Lautersee 1, 82481 Mittenwald, Tel. 08823-10 17, Fax 52 46; DZ ab 160 Mark (inkl. Frühstück). Sehr schön, ruhig, einsam und direkt am kleinen Lautersee gelegen. Zufahrt über die private Forststraße nur für Hotelgäste (mit Reservierungsbestätigung).

Schloß Elmau, In Elmau 2, 82493 Elmau/Oberbayern, Tel. 08823-18-0, Fax 37 19; DZ ab 270 Mark (mit Halbpension). Altehrwürdiges, etwas anthroposophisch angehauchtes Haus mit herrlichem Blick auf die Berge. Samstags wird zum Walzertanzen in den Schloßsaal gebeten. Im Sommer viele Kulturveranstaltungen, zum Beispiel Klassik-Konzerte und Lesungen.

ANSCHAUEN

Mittenwald, pittoresker Marktort mit hübscher Fußgängerzone, Rokokokirche und Geigenbaumuseum, mit Auto und Bahn gleich gut erreichbar.

PLANEN

Werdenfelser Land, 1:50 000 (hrsg. vom Bayerischen Landesvermessungsamt). Beste Landkarte für die Touren im Revier.

NACHFRAGEN

Kurverwaltung Mittenwald, Damkerstr. 3, 82481 Mittenwald, Tel. 08823-3 39 81, Fax 27 01. *Hans Eckart Rübesamen*

Quartier mit bescheidenem Komfort: Hochlandhütte von Dr. Dreßl

INFO Deutschland

WARBURG

SCHLAFEN UND SPEISEN
Hotel und Restaurant Alt-Warburg, Kalandstr. 11, 34414 Warburg, Tel. 05641-42 11, Fax 6 09 10; DZ ab 160 Mark (inkl. Frühstück).
In einem alten Fachwerkhaus am Markt der Neustadt (die hier immerhin ins Jahr 1239 zurückdatiert). Man schläft unter jahrhundertealten Holzbalken erfreulich komfortabel. Hermann Fritz aus dem Breisgau kocht badisch, gewährt aber auch Regionalem Zugang zum Menü: zum Dessert etwa Buttermilchmousse.

EINKEHREN
Spiegel, in der Bernhardistraße, in der Altstadt von Warburg.
Die Kneipe, untypisch westfälisch mit guten Weinen, wirkt wie ein Wohnzimmer und ist es für die meisten Kunden auch. Hier tagen die Altstädter, die sich (wie die Neustädter) als die echten Warburger verstehen. Die Vereinigung der beiden Viertel von 1436 hat man aber noch nicht ganz verschmerzt.

VERWEILEN
Judenfriedhof, direkt hinter dem Sacktor. Fast wie in Prag oder Speyer überwuchert das Grün hier windschiefe Grabsteine, auch die der Vorfahren der Gebrüder Warburg. 1945 zwangen die Alliierten Warburger Nazis, aus den geschändeten Steinen ein Mahnmal zu mauern. Auch das gehört jetzt auf immer dazu. Friedhofsführungen auf Anfrage beim Fremdenverkehrsamt (siehe NACHFRAGEN).

ANGUCKEN
Museum »Im Stern«, Sternstr. 35, 34414 Warburg, Tel. 05641-9 25 62 (Di–Sa 14–17, So 10–13 Uhr oder nach telefonischer Vereinbarung).
Vorbildliches kleines Stadtmuseum in einem altehrwürdigen Bau aus dem Jahr 1340: In den sechs Räumen wird auch die Geschichte der Warburger Juden dokumentiert.

BADEN
Flußfreibad Diemel, bei Lamerden. Wer bei großer Sommerhitze nach Warburg kommt, kann im Dörfchen Lamerden, etwa zehn Kilometer östlich der Stadt, in der Diemel baden. Das Flußfreibad besteht aus einem Einstieg und einem

Hotel Alt Warburg: moderne Räume im Traditionshaus

Ausstieg: Man läßt sich einfach mit dem Strom treiben. Das Wasser ist klar und kommt aus Quellen des Sauerlands.

WANDERN
Desenberg. Esoteriker sollten auf diesen Berg steigen, einen weithin sichtbaren Vulkankegel mit einer Burgruine, in der seit Jahrhunderten niemand hausen mag. Dieser kuriose, sagenumwobene Hügel beschäftigt die Menschen seit alters, früher als Fluchtpunkt vor den äußeren, heute mehr als Haltepunkt vor den inneren Feinden.

NACHFRAGEN
Fremdenverkehrsamt Warburg, Zwischen den Städten, 34414 Warburg, Tel. 05641-9 25 55, Fax 9 25 83.
Dirk Schümer

Fachwerkhaus und Trauerweiden an der Diemel: Wenn es heiß ist, baden die Warburger in ihrem sauberen Fluß

ERZGEBIRGE/VOGTLAND

SPEISEN

Forsthaus zur Prinzenhöhle, Talstr. 3, 08118 Hartenstein, Tel. 037605-63 82.
Am Rand des Erzgebirges: Knapp 20 Kilometer östlich von Zwickau versteckt sich die »Prinzenhöhle« im Forst, in dem schon der Raubritter Kunz von Kaufungen Zuflucht gesucht hatte, später aber enthauptet wurde. Wenn es warm ist, sitzt man auf der Terrasse, sieht sich an den Wäldern satt. Die Hirschsteaks sind vorzüglich.

Stausee Pirk: Badegewässer mit starkem Zulauf

Berggasthof Heiterer Blick, Oberer Berg 54, 08258 Markneukirchen, Tel. 037422-26 95.
Rund 30 Kilometer südöstlich von Plauen sollten Sie hier nachmittags »Tüpfle und Aardäppelkuchn« bestellen. Sie bekommen Kaffee und Kartoffelkuchen – einen leckeren, süßen Hefekuchen, prall mit Rosinen gefüllt, der garantiert satt macht. Man sollte also lieber vorher auf die »Bismarcksäule« gleich um die Ecke steigen, einen Aussichtsturm mit wunderbarem Blick ins Vogtland.

SCHLAFEN

Hotel Goldener Anker, Walter-Rathenau-Str. 9, 08645 Bad Elster, Tel. 037437-55 80, Fax 5 58 66; DZ ab 150 Mark (inkl. Frühstück).
Altes, frisch renoviertes Haus im Königlich-Sächsischen Staatsbad. Liegt wunderschön romantisch im Tal der Weißen Elster direkt am Luisersee. Der Blick auf den See entschädigt für das nicht immer freundliche Personal.

BADEN

In den Stauseen **Pirk** (fünf Kilometer südlich von Plauen) und **Pöhl** (fünf Kilometer nordöstlich von Plauen) tummeln sich im Sommer Tausende. Besonders gern mag ich das kleine **Waldbad Rebesgrün** (westlich von Auerbach) mit seiner 75 Meter langen Wasserrutsche.

WANDERN UND RADELN

Naturschutzgebiet um die Muldenberg-Talsperre: See und Waldgebiet liegen in 800 Meter Höhe südlich von Muldenberg, selbst Gelegenheits-Mountainbiker kommen hier auf den ausgeschilderten Wegen zurecht.
Mehr Durchhaltevermögen braucht, wer sich auf den **300-Kilometer-Radweg quer durch das Vogtland** begibt. Schließlich ist die Gegend ziemlich hügelig. Bei der Routenplanung hilft der Fremdenverkehrsverband Vogtland, der auch Übernachtungen organisieren kann (siehe NACHFRAGEN).
In der großartigen »Huckelkuchen«-Natur sind viele hübsche Flüsse und Bäche unterwegs: Während die **Göltzsch** gemütlich durch das Land fließt, toben **Weiße Elster** und **Schwarzwasser** im West-Erzgebirge schon recht munter durch ihre Betten. Tip: Bei Antonsthal am Ufer hocken, während die Füße im Wasser baumeln – einfach himmlisch.

STAUNEN

Deutsche Raumfahrtausstellung, Bahnhofstr. 8, 08262 Morgenröthe-Rautenkranz, Tel. 037465-25 38.
Weil Sigmund Jähn, der erste deutsche Kosmonaut, aus dem Ort Rautenkranz (zehn Kilometer östlich von Falkenstein) stammt, wurde auf dem ehemaligen Bahnhofsgelände des Dorfes dieses kuriose Heimatmuseum eingerichtet. Zu sehen: Orden, Modelle, vergilbte Fotos, Urkunden und Zeitungsausschnitte, ein altes russisches Kampfflugzeug.
Drachenhöhle Syrau mit den »Syrauer Gardinen«, Am Höhenberg 10, 08548 Syrau, Tel./Fax 037431-3 35. Die Besucher dieser Tropfsteinhöhle sollten gut zu Fuß sein: Beim Rundgang sind insgesamt 330 Stufen zu steigen.

NACHFRAGEN

Fremdenverkehrsverband Vogtland, Engelstr. 18, 08523 Plauen, Tel. 03741-22 51 66.
Dirk Lehmann

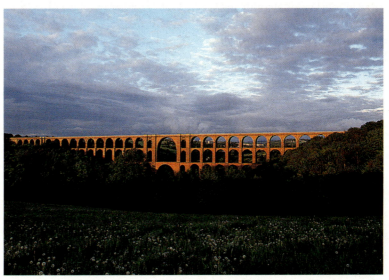

Größtes Ziegelsteinviadukt der Welt: die Göltzschtalbrücke bei Plauen

INFO Deutschland

Eine stattliche Wirtschaft: Im Gasthaus »Adler« gibt es auch Fremdenzimmer

RIED IM SCHWARZWALD

SPEISEN UND SCHLAFEN

Gasthaus Pension »Zum Adler«, 79692 Raich/Ried, Tel. 07629-2 52; DZ ab 100 Mark (inkl. Frühstück).
Ein echter Familienbetrieb: Allein der Kartoffelsalat und die Bratwurst aus der Küche der Kropfs sind eine Reise wert, schon mittags wird der Kartoffelsalat für den Abend angemacht. Und dann die Zimmer: Man hat von einigen einen phantastischen Blick ins Tal und, wenn man Glück hat, sogar auf die Alpen.
Gasthof Pension »Sennhütte«, 79692 Tegernau/Schwand, Tel. 07629-5 82, Fax 13 13; DZ 102 Mark (inkl. Frühstück).
Die Regionalküche ist fest in der Hand der Familie Grether. Die Vesperspezialitäten bereitet der Schwiegervater zu. Mutter und Tochter arbeiten im Service. In der Küche kocht der Sohn frische Pilz- und Wildgerichte. Die Zimmer sind einfach und gemütlich.
Zum Hirschen, Holl 5, 79692 Elbenschwand, Tel. 07629-2 57.
Unbedingt probieren: Angeblich gibt's hier den besten Kartoffelsalat des Südschwarzwalds.
Romantik-Hotel »Spielweg«, Spielweg 61, 79244 Münstertal, Tel. 07636-70 90, Fax 7 09 66; DZ ab 190 Mark.
Ein Ort des absoluten Rundumgenusses. Dort kocht (aber wie!!!) Karl-Josef Fuchs die Produkte seiner Gegend zu Hochköstlichem. Seine Wildschweinterrine ist berühmt, großartig seine Münstertaler Steinpilzpfanne; und die geschmorte Gamsschulter mit Schupfnudeln und der Kaiserschmarren mit eingemachtem Kernobst sind umwerfend. Zum Abschluß wird selbstgemachter Käse serviert. Für Wanderer, die einfach einkehren wollen, gibt es eine deftige Vesperkarte. Die Zimmer sind vornehm. Wer hier nächtigt, darf auch Hallenbad und Sauna benutzen.

WANDERN

Zum Beispiel auf den **Belchen**, ein lustvoller Mehrstundenmarsch von Ried, vorbei an einem herrlich zwischen Tannen gelegenen Bergsee, dem Nonnenmatt-Weiher. Die Mühen des Aufstiegs belohnt der Gipfelwirt mit Kräuterlikör. Und dazu bringt er – auf Nachfrage – zum Beispiel das Gedicht über den Belchengeist zum Vortrag.

NACHFRAGEN

Tourismus Südlicher Schwarzwald, Geschäftsstelle Lörrach, Palmstr. 3, 79539 Lörrach, Tel. 07621-41 04 39, Fax 21 77. Landkarten, Prospekte und Broschüren verschickt die Geschäftsstelle in Freiburg, Stadtstr. 2, 79104 Freiburg im Breisgau, Tel. 0761-2 18 73 04, Fax 2 18 75 34.
Arno Luik

SCHORFHEIDE-CHORIN

SPEISEN
Zum Großen Stein, Schwedter Str. 1, 16248 Oderberg-Neuendorf, Tel. 033369-97 21.
In dieser Traditionsgaststätte im Ort Neuendorf gibt's prächtig zubereitetes Schorfheiden-Wild. Der Namensgeber (»großer Stein«) ist übrigens ein Findling im nahen Eichenwald.

SCHLAFEN
Hotel am Schiffshebewerk, Hebewerkstr. 43, 16248 Niederfinow, Tel./Fax 033362-2 09; DZ ab 130 Mark (inkl. Frühstück). Sauber, freundlich, mit kostenlosem Fahrradverleih für die Gäste.
Hotel Stolper Turm, Dorfstr. 40, 16278 Stolpe, Tel. 033338-5 40, Fax 3 34; DZ ab 110 Mark.
Am Rand des Nationalparks Unteres Odertal, nach dem Aussichtsturm auf dem Oderbruch benannt; von einigen Zimmern hat man einen herrlichen Blick auf das Flußtal.

HÖREN
Zisterzienser-Kloster Chorin, Amt 11, 16230 Chorin, Tel. 033366-3 22. Die Ruinen des jahrhundertealten Klosters sind im Sommer zum Kultur-Magneten der Region geworden: Bei den klassischen Konzertveranstaltungen im Sommer hockt man auf Holzbänken unter freiem Himmel (Informationen bei der »Musiksommer«-Geschäftsstelle, Schicklerstr. 5, 16225 Eberswalde, Tel. 03334-65 73 10). Ansonsten lohnen eine Besichtigung der alten Anlage (9–18 Uhr, November bis März nur bis 16 Uhr) und ein Spaziergang im nahen Wald.

BADEN
Parsteiner See. Liegt wunderschön gleich um die Ecke vom Ökodorf Brodowin (Urlaub auf dem Bauernhof, z. B. bei Marga Giese, Tel. 033362-2 62).
Werbellin- und Grimnitzsee. Eine Alternative, falls am Parsteiner See die besten Badeplätze schon belegt sind. Sie glitzern aus den Wäldern Joachimsthals hervor.

WANDERN
Poratzer Moränenlandschaft. Ein Naturschutzgebiet, in dessen Buchenwäldern der Mensch nur Zaungast sein darf. Deshalb sind auch die Krinerts – der Große und der Kleine Krinertsee – nur zur Bewunderung freigegeben. Mehr dazu (auch über Wanderrouten usw.) weiß die Verwaltung des Biosphärenreservats (siehe NACHFRAGEN).

STAUNEN
Schiffshebewerk in Niederfinow bei Eberswalde, Hebewerkstr., 16248 Niederfinow.
Ein Muß für Technikfreaks. An armdicken Drahtseilen hängt eine riesige Badewanne, um die bis zu 1000 Tonnen schweren Schiffe über den Höhenunterschied zwischen Endmoränenbogen und Oderbruch zu hieven (Führungen über Tel. 033365-6 33).

NACHFRAGEN
Verwaltung des Biosphärenreservats Schorfheide-Chorin, Abteilung Öffentlichkeitsarbeit, Stadtsee 1–4, 16225 Eberswalde, Tel./Fax 03334-21 20 35.

Dirk Lehmann

Lift für Lastkähne: Schiffshebewerk in Niederfinow am Oderbruch

Choriner Musiksommer: klassische Musik unter freiem Himmel

INFO Deutschland

MAISINGER SEE

SPEISEN

Maisinger-Seehof, Seestr. 8, 82343 Maising, Tel. 08151-33 18.
Traditionswirtschaft direkt am See. Einfache bayerische Küche.
Fischerrosl, Beuerberger Str. 1, 82541 St. Heinrich (Gemeinde Münsing), Tel. 08801-7 46. Tägl. 11 Uhr bis etwa Mitternacht, warme Küche bis 22 Uhr.

Ein alteingesessenes Lokal ohne folkloristischen Schnickschnack, das von außen nicht viel hermacht. Aber die Waller, Forellen und Saiblinge kommen frisch aus dem Bassin.

SCHLAFEN

Hubers Landhotel und Restaurant, Ambach, Holzbergstr. 7, 82541 Ambach/Starnberger See, Tel. 08177-5 25, Fax 13 18; DZ ab 110 Mark (inkl. Frühstück).
Wenn man auf der Terrasse des Restaurants oder im Garten des Hotels sitzt, blinzelt der Starnberger See zwischen den Bäumen durch. Es gibt einen hoteleigenen Badestrand. Die Dampferanlegestelle ist nur ein paar Minuten entfernt. Und all das läßt vergessen, daß die Zimmer mehr als schlicht sind.

BADEN

Buchsee. Die Zeit scheint hier seit den fünfziger Jahren stehengeblieben zu sein. Die Badegebühr beträgt eine Mark, um 19.30 Uhr wird der Zugang zur Liegewiese geschlossen. Einziges Haus am Weiher ist ein Bauernhof. Durch ein Fenster werden einfaches Essen und Getränke verkauft (Anfahrt: am Ostufer des Starnberger Sees bis Münsing, dort rechts nach Höhenrain bis zur Abzweigung Buchsee).
Erlinger Weiher. Es mögen zehn Jahre her sein, da kannten nur die Einheimischen diesen Weiher, der mitten im Wald liegt. Heute sollte man eher abends hingehen, wenn man allein sein möchte. (Anreise: von Herrsching Richtung Erling–Andechs. In Erling am Hotel »Post« rechts, bei den Pferdekoppeln parken. Im Wald am ersten Waldweg rechts. Achtung, am ersten Weiher vorbeigehen, so lange rechts halten, bis ein Waldweg leicht bergauf führt. Am oberen Ende breitet sich dann der Erlinger Weiher aus. Etwa zehn Minuten Fußweg vom Parkplatz.)

BOOT FAHREN

Mit der weißen Flotte von Starnberg aus. Der See blendet, die weißen Segel fliegen übers Wasser, am Horizont funkelt das Alpenpanorama. Und überall, wo der Dampfer anlegt, hilft ein Biergarten über den Durst hinweg (Fahrplanauskunft bei der Staatlichen Schiffahrt, Tel. 08151-1 20 23; viele Rundfahrten, abends auch mit Tanz, Musik und Essen).

NACHFRAGEN

Fremdenverkehrsverband Starnberg Fünf-Seen-Land, Postfach 16 07, 82306 Starnberg, Tel. 08151-9 06 00, Fax 90 60 90.

Susanne Schneider

Anziehungspunkt: In der Nähe des Biergartens ist der Uferweg recht belebt

Im »Deidesheimer Hof« will der Kanzler nur das eine: Pfälzer Saumagen

DEUTSCHE WEINSTRASSE

SCHLAFEN UND SPEISEN

Gästehaus Weingut Hebinger, Bahnhofstr. 21, 67146 Deidesheim, Tel. 06326-3 87, Fax 74 94; DZ ab 140 Mark (inkl. Frühstück).
Schöner Altbau gegenüber dem Schloß. Auf den Fluren stehen große Kühlschränke mit Sekt und Wein des Hauses.
Pension Müller-Pressler, Mandelring 112, 67434 Neustadt-Haardt, Tel. 06321-62 87; DZ ab 90 Mark (inkl. Frühstück).
Am Fuß des Haardt-Gebirges mit herrlichem Blick auf die Rheinebene.
Zum Goldenen Lamm, Hauptstr. 19, 76857 Ramberg, Tel. 06345-82 86, Fax 33 54 (Di Ruhetag); DZ ab 70 Mark (inkl. Frühstück).
In altem Fachwerkhaus, mit angeschlossener Metzgerei. Hier wird echte Pfälzer Küche serviert. In einem Neubau werden auch Zimmer vermietet.
Weinstube St. Urban im Hotel Deidesheimer Hof, Am Marktplatz 1, 67146 Deidesheim, Tel. 06326-9 68 70, Fax 76 85; tägl. ab 12 Uhr; DZ ab 170 Mark (inkl. Frühstück).
Gutbürgerlicher Ableger des Gourmettempels »Schwarzer Hahn« im gleichen Haus. Hier servierte Küchenchef Man-

fred Schwarz schon Maggie Thatcher und Helmut Kohl seine Edelvariante des Pfälzer Saumagens.
Forsthaus Benjental, Gimmeldinger Tal, 67435 Neustadt, Tel. 06321-6 60 33 (an der Kreisstraße Gimmeldingen–Lindenberg).
Klassische Pfälzer Küche in einer alten Mühle mit Garten. Spezialität sind mittwochs die Dampfnudeln mit Weinsoße. Wer will, kann hier auch übernachten (30 Mark pro Person inkl. Frühstück).

Trinken
Weingut Magin, Weinstr. 87, 67147 Forst Tel. 06326-77 65 (Weinprobe telefonisch vereinbaren).
Selbst in der »lieblichen« Nachkriegszeit baute Hans Magin seinen Riesling trocken aus und war Vorreiter im Sektrütteln nach Champagnermethode. Die Erben führen die Tradition fort.
Weingut Knipser, Johannishof, 67229 Laumersheim, Tel. 06238-7 42.
Berühmt wurden die Brüder Werner und Volker Knipser mit ihren Rotweinen (Tip: Spätburgunder), aber auch Riesling und Grauburgunder sind Spitze.
Weingut Karl Schaefer, Weinstraße Süd 30, 67098 Bad Dürkheim, Tel. 06322-21 38.
Bekannte Lagen wie Wachheimer Gerümpel oder Dürkheimer Michelsberg bringen einen besonderen Riesling.
Weingut Bergdolt, Duttweiler, Klostergut St. Lamprecht, 67435 Neustadt, Tel. 06327-50 27.
Weingut mit über 700jähriger Tradition, berühmt für seinen Riesling und Weißburgunder.

Anschauen
Historisches Museum der Pfalz/Weinmuseum, Domplatz 4, 67324 Speyer, Tel. 06232-1 32 50; tägl. außer Mo 10–18 Uhr. Große Ausstellung zur Geschichte des Pfälzer Weinanbaus, gezeigt wird unter anderem die älteste (gefüllte) Weinflasche der Welt. Bis zum 22. September läuft noch eine sehr ausführliche Sonderausstellung zum Thema »Mysterium Wein«.

Rhodt unter Rietburg. Das schönste der Pfälzer Weindörfer mit Winzerhäusern aus dem 17. Jahrhundert.
Hambacher Schloß, Hambach/Neustadt, März–Nov. tägl. 9–18 Uhr. Das mächtige Schloß beherbergt eine Ausstellung zum »Hambacher Fest«. Herrliche Aussicht.

Nachfragen
Pfalz Tourist-Information, Landauer Str. 66, 67434 Neustadt/Weinstraße, Tel. 06321-3 91 60, Fax 39 16 19.
Michael Herl/Wolfram Siebeck

INFO Deutschland

KAMMINKE

SCHLAFEN
Haus Nordlichter, Dorfstr. 39, 17419 Kamminke, Tel. 038376-2 04 27, Fax 2 04 28; DZ ab 100 Mark (2 Nächte Minimum), Ferienwohnungen ab 160 Mark. Fünf Minuten vom Haff.
Hotel Ostende, Dünenstr. 24, 17419 Seebad Ahlbeck, Tel. 038378-5 10, Fax 5 14 03; DZ ab 240 Mark. Frisch renoviertes Strandhotel der Jahrhundertwende, etwa 8 Kilometer nördlich von Kamminke direkt an der Ostsee.

ESSEN
Kaffeestube Kellerberg, Dorfstr. 18, 17419 Kamminke, Tel. 038376-2 02 77. Frischer Fisch und selbstgemachter Kuchen bei der Familie Matz.

BOOT FAHREN
Schiffsausflüge ab Hafen Kamminke nach Polen (»Adler Schiffe«): Abfahrtszeiten über Insel- und Halligreederei Sven Paulsen, Seebrücke Heringsdorf, 17424 Seebad Heringsdorf, Tel. 038378-3 25 83, Fax 3 25 84.

EINKAUFEN
Bei den Fischern Wolfgang Theelke und Siegmund Gringmann gibt's frischen Fisch (werktags etwa ab 10 Uhr, direkt vom Kutter oder an den Fischerbuden).

ANSCHAUEN
Historisch-technisches Informationszentrum in Peenemünde, Bahnhofstr. 28, 17449 Peenemünde, Tel. 038371-2 05 73; Di–So 9–17 Uhr. Ein Relikt deutscher Geschichte. Peenemünde gilt als Wiege der Raumfahrt, die hier von den Nazis begründet wurde. Bis 1990 war die Nordspitze Usedoms militärisches Sperrgebiet, jetzt steht das Museum mit seinen Raketenmodellen und Flugzeugen mitten im Biotop.

ANHÖREN
Usedomer Musikfestival, Liehrstr. 10, Strand-Hotel, 17424 Seebad Heringsdorf, Tel. 038378-3 46 47. Vom 13. bis zum 21. September spielen junge Solisten aus aller Welt zu klassischen Konzerten auf.

LESEN
Sie wissen nicht, daß in den elf Naturschutzgebieten der Insel Usedom Fischotter und Schwarzstorch leben und kennen Braun- und Weißdünen nicht? Dann sollten Sie den **»National- und Naturparkführer Mecklenburg-Vorpommern«** lesen (Demmler Verlag, 12,80 Mark).

NACHFRAGEN
Tourismusverband der Insel Usedom, Baderstr. 4, 17459 Seebad Ückeritz, Tel. 038375-2 34 10, Fax 2 34 29.

Wolf Thieme

Zum Beispiel das »Hotel Ostende« in Ahlbeck: Die alten Usedomer Strandhotels erstrahlen in neuem Glanz

Ausflugstip: mit den »Adler«-Schiffen von Kamminke nach Polen

Das Lautertal

Schlafen und Speisen
Gasthof Adler, Am Mühlweg 20, 72534 Hayingen-Anhausen, Tel. 07386-3 27, Fax 14 13; DZ 92 Mark (inkl. Frühstück).
Dieser Wirt hat sein Handwerk gelernt: Vitus Frey zieht seine Tiere selbst groß, schlachtet selbst und kocht auch noch vorzügliche Hausmannskost. Schöne große Zimmer im Neubau.
Gasthof Hirsch, Wannenweg 2, 72534 Hayingen-Indelhausen, Tel. 07386-2 76, Fax 2 06; DZ ab 92 Mark (inkl. Frühstück).

Grundsolider Gasthof mit grundsolider Küche. Hier tafelt, wenn er ins Wirtshaus geht, der Adel des Tals. Komfortable Zimmer. Sonnenterrasse, Sauna und Solarium, Angeln im eigenen Fischwasser.
Gasthof & Bauernhof Rose, 72534 Hayingen-Ehestetten, Tel. 07383-9 49 80, Fax 94 98 22. Demeter-Bauernhof, über dem Tal gelegen.
Neben Vollwertkost wunderbare schwäbische Traditionsküche. Hier kommt die Flädle-Suppe noch im Suppentopf auf den Tisch. Der Rostbraten ist kontrolliert BSE-frei, zum Essen gibt's nur selbstgebackenes Brot, und der gemischte Salat dazu ist eine Wucht.

Einkaufen
Maisenburger Ziegenkäse, Maisenburg, 72534 Hayingen, Tel. 07386-5 94. Ab-Hof-Verkauf: Fr, Sa, So 14–18 Uhr.
Den allerfeinsten Ziegenkäse produziert Anette Bürkle, die ihr Handwerk in der Provence gelernt hat. Die hübsch gelegene Maisenburg wird vom Ehepaar Stockmeyer ökologisch bewirtschaftet. Noch Ende des Jahres steht vielleicht ein Umzug an.

Zugucken
Freilichtbühne Naturtheater Hayingen im Hayinger Tal. Juli bis Sept., immer Sa 20 Uhr und So 14.30 Uhr. Kartenvorbestellungen und Information: Tel. 07386-2 86. Die Saison ist gerade vorbei. Aber nächsten Sommer spielt das ganze Dorf im wunderschönen Wald wieder »heiterbesinnliche Mundartstücke«. Lustig: Ma vrstoaht so guat wia nix.
Brot backen. Im Lautertal gibt es noch dorfeigene Backhäuser. Und zwar in Anhausen (Backtag: Mi), Ehestetten (Do u. Fr) und Indelhausen (Di). Das Brot schmeckt einzigartig.

Boot Fahren
Kanu-Fahrten auf der Lauter, Juli bis Mitte Oktober, Mo–Fr 9–18 Uhr. Info und Bootsverleih: Langes Tal 5, 72525 Münsingen-Bichishausen, Tel. 07383-4 08 u. 6 75. Die Große Lauter rauf und runter, immer munter, außer Sa und So: Da ist das Bächlein überlaufen.

Planen
Eine Karte mit Detailplänen, Rundwanderungen, Rad- und Loipenrouten erhalten Sie für 4 Mark beim Städtischen Verkehrsamt von Hayingen.

Nachfragen
Städtisches Verkehrsamt, Kirchstr. 15, 72534 Hayingen, Tel. 07386-97 77-0, Fax 97 77 33. Neben Unterkunftsbroschüren bekommt man hier auch Wandertips und Radwanderkarten.

Michael Dietrich

Ein Sommernachtstraum: Naturtheater Hayingen

Ihr attraktives Urlaubsziel im Allgäu!

- historische Altstadt
- Schmuckzentrum Neugablonz
- zahlreiche historische Sehenswürdigkeiten
- vielfältige Museen
- kunsthaus kaufbeuren
- idealer Ausgangspunkt für Ausflüge in die Umgebung!

Verkehrsverein Kaufbeuren e.V.
Rathaus · 87600 Kaufbeuren/Allgäu
Tel.: 0 83 41/4 04 05 · Fax: 7 39 62

GEO SAISON KATALOG-SERVICE

Traumziele ins Haus

GEO SAISON bietet Ihnen jetzt auch den Katalog-Service für Heft 11/96 an:

Ausgabe
11/96 – November

Erstverkaufstag
25. Oktober 1996

Anzeigen- und Druckvorlagenschluß
12. September 1996

INFO Deutschland

ELBTALAUE

SCHLAFEN

Komfortpension Dreßler, Lenzener Str. 35, 19309 Mödlich, Tel. 038792-12 12, Fax 12 66; DZ ab 85 Mark (für 2 Pers.) Hübsche, etwas plüschige Familienpension in einer über 200 Jahre alten Fischkate direkt am Fluß. Familie Dreßler verleiht auch Fahrräder und läßt Hotelgäste im Fischteich angeln.

Gasthaus »Stadt Hamburg«, An der Elbe 2, 29490 Neu Darchau (Ortsteil Drethem), Tel. 05858-2 43; DZ 80 Mark (inkl. Frühstück). Frisch renovierte, einfache Zimmer in einem alten Landgasthof. Einige haben Blick auf die Elbe.

Pension Waldhaus Göhrde, Nieperfitz 12, 21369 Nahrendorf, Tel. 05855-4 28; DZ 78 Mark (inkl. Frühstück). Westlich von Hitzacker mitten im Wald. Einfache Pension im ehemaligen Jagdhaus der Baronin von Bissing.

SPEISEN

Elbterrassen, Wussegel 8, 29456 Hitzacker, Tel. 05861-85 74 (Di Ruhetag).

Von den Deichen bei Schnackenburg haben Spaziergänger einen guten Ausblick auf den Fluß

Hier sitzt man direkt an der Elbe wie auf einem Schiff. Das seit 1765 in Familienbesitz befindliche Lokal hat sich auf Fischgerichte spezialisiert. Empfehlung: Aal in Gelee mit Bratkartoffeln.

Gasthof Holm, Hauptstr. 18, 19273 Wehningen, Tel. 038845-9 39. Uralte Gastwirtschaft, die schon seit dem 15. Jahrhundert betrieben wird. Selbsterjagte Wildspezialitäten.

ANSCHAUEN

Archäologisches Zentrum, Am Hitzacker-See, 29456 Hitzacker, Tel. 05862-67 94. Hier wird eine große bronzezeitliche Siedlung rekonstruiert – und zwar mit uralten Bautechniken und Werkzeugrepliken. Die drei imposanten Langhäuser, die schon fertig sind, wurden ohne einen einzigen Nagel errichtet. Sondervorführungen machen den All-

tag von vor 3000 Jahren sinnlich erfahrbar. Die sollte man allerdings vorher telefonisch vereinbaren.
Barocke Festung in Dömitz. Im Hintergrund die gesprengte Eisenbahnbrücke als Symbol der Teilung, im Vordergrund die neue, elegante Autobrücke als Versprechen der Einheit.
Hitzacker, Schnackenburg, Dannenberg und viele andere Fachwerkdörfer und -städtchen säumen die Straßen beiderseits der Elbe. Übrigens keine Angst vor Gorleben: Es bietet weit mehr als Stacheldraht und Polizisten; Gorleben ist einer der lebendigsten Orte am Strom, mit einer schmucken Innenstadt und vielen netten Cafés.

ÜBERSETZEN
Elbfähren kreuzen den Fluß in Bleckede, Darchau und Hitzacker. Die Fähren in Darchau und Bleckede nehmen auch Autos mit.
Informationen bei der Gemeinde Amt Neuhaus, Am Markt 4, 19273 Neuhaus, Tel. 038841-70 47, Fax 3 20.

Lüneburger Str. 2, 29456 Hitzacker, Tel. 05862-16 02.

NACHFRAGEN
Naturschutzbund, In der Festung, 19303 Dömitz, Tel. 038758-20 00 01. Veranstaltet viele naturkundliche Exkursionen (nach telefonischer Anmeldung).
Naturpark Elbufer Drawehn, Königsberger Str. 10, 29439 Lüchow, Tel. 05841-12 04 26.

Kurverwaltung Hitzacker, Postfach 12 20, 29453 Hitzacker, Tel. 05862-9 69 70, Fax 96 97 24. Vermittelt Zimmer, Hotels und verschickt Broschüren über die Region.   *Stefan Schomann*

Hitzacker mit seinem alten Marktplatz: früher Zonenrand, jetzt mittendrin

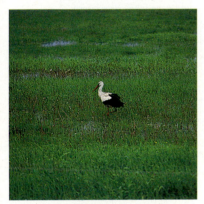

Feuchtwiesen: Jagdrevier der Störche

WANDERN
Zum Beispiel von Neu Darchau nach Hitzacker, quer durch die Gemeinde Amt Neuhaus. Auf einem schmalen Weg entlang des Ostufers kann man herrlich wandern oder Fahrrad fahren. Empfehlung für einen Abstecher: die Stixer Wanderdüne im Kiefernwald hinterm Deich.

FAHRRAD FAHREN
Verleih für 8 Mark im Fahrradladen von Wilhelm Schulz,

Die SUCHE NACH den GRÖSSTEN SCHÄTZEN der WELT BEGiNNT HIER.

Vielleicht verbirgt sich Ihr ganz persönlicher Schatz tief unter diesem Berg von Seidenschals aus dem Isarn. Oder vielleicht in dieser Reihe reich verzierter Töpfe. Vielleicht hängt er auch versteckt im Wirrwarr handgefertigter Mobiles. Rot, gelb und grün leuchten sie in der Sonne. Eigentlich könnte er überall im rätselhaften Labyrinth unserer Märkte zu finden sein. In einem Rattankorb versteckt. Hinter einer vergoldeten Theatermaske. Vom Glitzern und Funkeln des Silberschmucks überdeckt. Müde von der Suche? Kein Problem, ruhen Sie sich aus, trinken Sie etwas. Dann geht's auch schon weiter. Jeder kann hier seinen Schatz finden.

WiLLKOMMEN in Thailand ENTDECKEN Sie die SCHÄTZE eines KÖNiGREiCHES

Kostenlose Informationen über Thailand: **Thailändisches Fremdenverkehrsamt Deutschland:** Bethmannstr. 58, 60311 Frankfurt/Main **Schweiz:** Hinterer Schermen 29, 3063 Ittigen **Österreich:** Kärntnerstr. 32-34/4/27, 1010 Wien

Name: Anschrift:

INFO Deutschland

Bayerns wärmste Thermalsole: das 36 Grad warme Wasser der Obermain Therme

Modernes Haus am Bahnhof: »Hotel Rödiger« in Staffelstein

DER STAFFELBERG

SCHLAFEN
Kurhotel an der Obermain Therme, Am Kurpark 7, 96231 Staffelstein, Tel. 09573-33 30, Fax 33 32 99; DZ ab 165 Mark (inkl. Frühstück).
Neu erbautes Haus mit Tiefgarage, Restaurant und Weinstube. Für die Gesundheit: Massage, Sauna, Hallenbad, Beauty-Farm.
Hotel Rödiger, Zur Herrgottsmühle 2, 96231 Staffelstein, Tel. 09573-8 95, Fax 13 39; DZ 120 Mark. Neues Haus direkt am Bahnhof. Man sollte die Zimmer zur ruhigen Vorderseite verlangen.

ESSEN
Gasthof Grüner Baum, Bamberger Str. 33, 96231 Staffelstein, Tel. 09573-2 93. Für Biergartenfreunde, man sitzt unter alten Bäumen (Mi Ruhetag).
Landbrauerei Gasthof Hennemann im Ortsteil Stublang in Staffelstein; Tel. 09573-9 61 00. Hierher kommen die Einheimischen (Mo Ruhetag).
Brauerei »Bräustübl« in Loffeld, 6 Kilometer entfernt von Staffelstein; Tel. 09573-59 25. Das Bier kommt aus dem eigenen Sudfaß (Mo Ruhetag).
Die Klause auf dem Staffelberg. Im Sommer sitzen die Gäste unter freiem Himmel, bei schlechtem Wetter gibt's Hüttenatmosphäre im Wirtshaus. Besonders zu empfehlen: die Bratwürste mit Brot und der »Weiße Käs«, ein mit Zwiebeln angemachter Quark.

WANDERN
Obermaintal. Am Fluß entlang und durch die Hügel führt eine etwa 25 Kilometer lange Strecke. Start ist beim Bahnhof Staffelstein. Dann geht's weiter Richtung Obermain Therme, dann den ausgeschilderten Pfaden nach, hinauf zum Kloster Banz (Gaststätte mit Biergarten, Fisch-Spezialitäten). Nach der Stärkung hinterm Kloster hinunter nach Hausen, wo Sie den Main an der Schleuse überqueren. Durch Reundorf und Grundfeld wieder bergan nach Vierzehnheiligen (in der Wirtschaft oberhalb der Kirche wird Selbstgebrautes ausgeschenkt). Noch 400 Meter durch den Wald bergauf. Dann biegt der Weg rechts ab und erreicht nach vier Kilometern den Staffelberg. Von hier Abstieg zum hübschen Ort Staffelstein und zum Bahnhof.

BADEN
Obermain Therme, Am Kurpark 1, 96231 Staffelstein, Tel. 09573-40 85, Fax 43 40. Bis zu 2000 Menschen werfen sich pro Tag in die bis 36 Grad warmen Pools und kurieren ihre Zipperlein.

NACHFRAGEN
Verkehrsamt der Stadt Staffelstein, »Alte Darre« am Stadtturm, 96231 Staffelstein, Tel. 09573-41 92, Fax 41 46.

Detlef Vetten

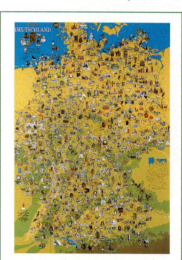

DEUTSCHLAND-POSTER
Dieser GEO SAISON-Ausgabe liegt ein großes Deutschland-Poster bei – mit 780 Illustrationen und weiteren Reisevorschlägen auf der Rückseite. Sie werden staunen, was sich vor der Haustür noch alles entdecken läßt. Die Karte wurde konzipiert vom Verlag Bergenthal-Team-Fredeburg, Postfach 22 05, 57382 Schmallenberg-Bad Fredeburg, Tel. 02974-67 25, Fax 65 10. Dort kostet sie 7,80 Mark (plus 1,50 Porto). In Buchhandlungen wird die Karte auch ungefalzt angeboten.

New York, Paris, Rom, London auf CD-ROM

Sehen, hören, erleben: Endlich gibt es interaktive City Guides für den PC in GEO SAISON-Qualität. Wählen Sie Ihr Ziel, und auf dem Stadtplan erscheinen die richtigen Infos. Noch ein Klick, und Sie können die Stadt per Video erkunden. Vier CD-ROM sind bereits erschienen, weitere folgen.

MEHR ALS 1400 ADRESSEN, ÜBER 20 MINUTEN VIDEO

Geben Sie Preis und Lage an, der GEO SAISON City Guide sucht Ihnen das passende Hotel, Restaurant oder Café. Stichwort Manhattan? Der City Guide wird zum Kino, liefert Ihnen Kostproben und Hintergrund-Informationen.

UPDATE-SERVICE

Der GEO SAISON City Guide bleibt durch Updates über Online aktuell. System-Voraussetzungen: 486er PC, Windows, Sound- und Videokarte, 8 MB RAM, Doublespeed CD-ROM-Laufwerk.

Für je DM 79,-

PER ABRUFKARTE IM HINTEREN HEFTTEIL, IM BUCH- UND FACHHANDEL ODER DIREKT BESTELLEN: TEL. 040/37 03 40 41; FAX 07132/96 91 91

Abenteuer-Reisen

Action und Adrenalinstoß statt Luftmatratze und Luftkurort: Wir stellen die abenteuerlichsten Trips vor. Wir sagen, worauf Sie beim Buchen achten müssen, und lassen uns von Wissenschaftlern erklären, was Menschen an Extremsituationen so reizt.

INHALT: Kerle wie wir – drei Tage lang Abenteuer pur im Salzkammergut Seite 66 Literaturtips Seite 68 Extrem-Abenteurer leben länger – Interview mit einem Verhaltensforscher Seite 69 Mein spannendstes Ferienerlebnis – sechs Berichte Seite 70 Abenteuer von B bis Z – die aufregendsten Touren Seite 72 Survival- und Erste-Hilfe-Touren Seite 73 Sportkurse und Schulungen Seite 74 Veranstalter im Überblick Seite 77 Abenteuerliche Reiseveranstalter – worauf man beim Buchen achten muß Seite 78 Risiken und Nebenwirkungen – Gefahren für die Gesundheit und wie man sie verringern kann Seite 79

RATGEBER Abenteuer-Reisen

Mann über Bord: Beim Rafting auf der Traun sind die Abenteurer naß, aber glücklich

Kerle wie wir:

Höhlenwandern, Canyoning, Rafting, Kayaking, Bogenschießen, Paragliding – ein Drei-Tage-Programm im Salzkammergut mit dem ungewöhnlichen Namen. »Online Trekking« bietet jede Menge Nervenkitzel und ist doch Anfänger-tauglich.

Etwas anders habe ich mir das Leben als Abenteurer schon vorgestellt. Da stehe ich nun in der prallen Sonne auf einem Hügel mitten im Salzkammergut. Hinter mir ein Gleitschirm, den ich seit zehn Minuten zum Fliegen hochziehen möchte. Aber der nötige Gegenwind will einfach nicht aufkommen. Ein Gewirr aus Seilen verbindet das dünne Tuch mit mir, läuft über meine angewinkelten Hände zu zwei Karabinerhaken vor der Brust. Meine Haltung erinnert an einen Bank-Kassierer beim Überfall.

Jetzt bloß nicht mit den Armen fuchteln, sonst verheddert sich alles. Auf meinem Kopf klebt ein klatschmohnroter Sturzhelm. Den halten sämtliche Käfer auf dieser Alm für die fetteste Blüte des Sommers, wollen mich unbedingt bestäuben und knallen – plopp, plopp – gegen die Plastikschale. Aber: Jetzt bloß nicht fuchteln.

Wildbachmäßig läuft mir der Schweiß herunter, denn unter dem verdammten Helm herrschen 200 Grad. Immer noch kein Wind. Und wenn er denn kommt – ob ich diesen letzten Flug wohl auch so heil überstehen werde wie die Unternehmungen der vergangenen zwei Tage?

Durch nachtschwarze Höhlen bin ich gestolpert, wurde in der Finsternis abgeseilt, mußte in vier Grad kaltem Wasser schwimmen, einen wilden Fluß mittels Schlauchboot und Kajak bezwingen, schließlich eine von Schmelzwasser geflutete Gebirgsklamm durchklettern. Und alles ohne jede Erfahrung.

»Online Trekking« hatte der Prospekt verheißen, und was auf den ersten Blick nach Computerspiel aussah, klang bei genauerem Hinsehen nach handfestem Abenteuer. Entlang einer Linie – »on line« eben – sollte sich eine Gruppe von zwölf Leuten in drei Tagen durchs Herz des Salzkammergutes schlagen. Vom Hallstädter See im Süden zum Attersee im Norden. Hindernisse, ob Höhle, Bach oder Klamm, würden zu Wasser, zu Lande und in der Luft überwunden. Wow! Endlich was für ganze Kerle.

Genau das denken wohl auch die übrigen Teilnehmer des Trips, die sich am Morgen des ersten Tages am Treffpunkt in Bad Goisern einfinden. Direkt aus einem der letzten Reservate ganzer Kerle sind sie hierher aufgebrochen: einem Stammtisch im badischen Rastatt. Der eine oder andere unter ihnen gibt allerdings Anlaß zur Besorgnis. »Gut trainierte Trinkermuskeln«, kommentiert Fotograf Georg Lemberg die prächtigen Erhebungen über manchem Gürteln. Na ja, aber wenn wir uns so im Lichte des Zweifels anschauen – sind wir selbst denn fit für die harte Tour?

Bevor wir derart moralzersetzende Überlegungen vertiefen können, tritt Alois Zopf auf. 63 Jahre alt, 45 davon Bergführer, drahtig wie eine Bergziege, Besitzer des größten Sportgeschäftes am Ort und Veranstalter des Treks. Ohne große Vorrede stopft er uns in zwei Kleinbusse und bringt uns zum Startpunkt.

Per Seilbahn fahren wir zur halben Höhe des Dachsteinmassivs. Seltsam. Fahren Abenteurer Seilbahn? Will der Anstieg nicht zu Fuß genommen sein?

Oben am Berg erwartet uns der Siggi. Der heißt selbstredend Siegfried, aber in dieser Gegend wird jeder Name, der es irgendwie erlaubt, auf eine Kurzform mit End-i reduziert. Siggi steckt uns alle in stabile Overalls und setzt uns Helme mit Karbitlampen auf die Köpfe. Das sieht ausgesprochen professionell aus.

So steigen wir in die Tiefen der Mammuthöhle, eines Gewirrs von Gängen, Hallen und Schächten, die den Berg durchziehen wie Wurmlöcher eine alte Kommode. 50 Kilometer sind erschlossen. Nach wenigen Metern auf den beleuchteten Pfaden für den Touristen-

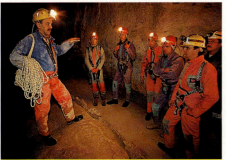
Fertig zum Abseilen: Höhlenwandern mit Siggi

rundgang zweigen wir ab und verschwinden in der Finsternis. Jetzt werden unsere Schritte nur noch von den Helmlampen erleuchtet. Wir sehen eine verwunschene Welt. In der Kälte der Höhle hat Wasser, das überall aus dem Kalkstein rinnt, die Wände mit einem Film aus Eiskristallen überzogen. Wie Diamantstaub glitzern sie millionenfach. An den Decken kleben immer wieder enorme Eiszapfen. Gut, daß wir sicher verpackt sind.

Nur, warum trottet der Alois ganz ohne Overall und Helm hinter uns her, auf dem lichten Haarschopf nur einen verbeulten Tirolerhut?

Plötzlich endet der Weg. Ein steiler Abhang ist zu überqueren. Seile werden entrollt, im Fels verankert. Wir legen Klettergeschirr an. Nach und nach werden wir, mit den Füßen unsicher nach Halt suchend, hinabgelassen. Als alle unten sind, fällt jemandem auf, daß etwas zurückblieb – die Tüte mit dem Proviant. Geräuschlos verschwindet einer unserer Begleiter im Dunkel und taucht kurz darauf mit den belegten Semmeln auf. Hm. Da gibt's wohl noch einen Gang, das Seil-Spektakel war gar nicht nötig.

Uns dämmert, was es auf sich hat mit Alois' Gelassenheit hinsichtlich unserer Fitneß und seiner Sorglosigkeit gegenüber den Gefahren des Berges. Nicht das gnadenlose Trekking für Extremsportler will er uns hier bieten, sondern Abenteuer für Anfänger. Viel Spaß, ein Hauch von Nervenkitzel, wenig Gefahr. Dazwischen gemütliche Bustransfers. Irgendwie ganz beruhigend. Und das Abseilen war schließlich eine Gaudi.

Ehrfürchtig starren uns die Japaner an

Als wir fünf Stunden später aus der Höhle steigen, fühlen wir uns dann doch wie echte Pioniere. Voll Ehrfucht starren uns ein paar Japaner an, die auf die nächste Touristenführung warten. Ja, seht nur her, ihr Würstchen. Wir waren, wo ihr nie einen Fuß hinsetzen werdet. Und wo wir gerade schon mal ganze

Paddel-Tour: In Kajaks geht's bis Bad Ischl

Männer sind, jagen wir mit dem Bogen ein paar Pfeile in einen Plastikhirsch, der wie zufällig auf unserer Wegeslinie steht. Noch mehr Pfeile jagen wir allerdings am Hirsch vorbei ins Unterholz.

In der Nacht schlafen wir den tiefen Schlaf der Naturburschen.

Nächster Morgen, nächster Streckenabschnitt, nächste Herausforderung: Im vier Grad kalten Hallstädter See sollen wir lernen, auf einem »Aquazep« zu schwimmen. Der sieht aus wie ein Schrumpftorpedo und ist so eine Art Vespa für Taucher. Eingepackt in wärmende Neopren-Anzüge schwingen wir uns drauf, legen den Starthebel um und schießen durchs eisige Wasser. Cousteau, sieh her! Ein wenig irritierend ist allerdings, daß sich die Dorfjugend nur zehn Meter weiter ganz ohne Neopren-Häute in den See wirft.

Weiter geht's on line – auf dem Strich – zum Raften auf der Traun, und dabei wird's dann doch ein wenig gruselig. Knapp erklärt uns der Schlauchbootkommodore Heli (Helmuth), wo wir die Füße fixieren müssen, damit wir im wilden Wasser nicht aus dem großen Schlauchboot purzeln, zeigt uns, wie wir paddeln sollen, und schon geht's los. Wir reiten über die Wehre, als hätten wir nie etwas anderes getan. An ruhigeren Stellen werfen wir einander fröhlich johlend über Bord.

Bei der dritten Stromschnelle grüßt vom Ufer ein Kruzifix. Wie kommt das da hin? Lapidare Auskunft: »Da ist vor ein paar Jahren mal ein Raft gekentert, und einer hat die Füße nicht aus den Sicherheitsschlaufen bekommen.« Uuups. Die nächsten wilden Stellen nehmen wir konzentrierter in Angriff.

Auf halber Strecke steigen wir in Kajaks um und verbringen den Rest des Nachmittages damit, uns gegenseitig aus dem kabbeligen Wasser zu fischen. Wer hätte gedacht, daß die Dinger so leicht umkippen? Als wir dann in Bad Ischl entkräftet ans Ufer wanken: wieder der große Auf-

Mit Pfeil und Bogen: Plastikhirsch im Visier

tritt. Mitten im touristischen Epizentrum des Salzkammergutes, in das die Busse strömen wie Pilger nach Mekka, steigen plötzlich ein paar harte Kerle in voller Wildwasser-Montur samt Schwimmwesten und Sturzhelmen ans Ufer. Die Augen der Passanten weiten sich, unsere Brustkörbe schwellen an. Auf die mehr oder weniger überflüssige Frage eines Gaffers: »Sind Sie Wildwasserfahrer?« antwortet Co-Abenteurer Ralf allerdings trocken: »Nei, mir sin' Trinker.«

Wir schlafen wie die Leichen.

Am folgenden Morgen nimmt uns ein anderer Heli in Empfang. Dieser will uns im Weißenbachtal das Canyoning lehren. Wieder werden wir in Neoprenanzüge, Schwimmwesten und Helme eingepackt, dann steigen wir in die Klamm. Der Bach, der sich hier in den Kalk gefräst hat, rauscht so laut, daß wir uns zum Teil nur per Handzeichen verständigen können. Wir gleiten ins Schmelzwasser. Schon bald sind die ungeschützten Hände steif vor Kälte. Das Greifen nach Halt fällt schwer. Immer tiefer wird das Wasser, bald treiben wir durch die Schlucht, stoßen an die Wände, wie Flipperkugeln in Zeitlupe. Heli stoppt. Ein Wasserfall. Was jetzt? »Ja, springen müßt's.« Oha. Da runter? Im Kopf stellen sich Bilder von üblen Badeunfällen bei Hüpfern ins Ungewisse ein. Ach was. Wollten wir nicht Abenteuer erleben? Die Beine angezogen fliegen wir ungrazil drei Meter in die Tiefe. Den nächsten Sprung machen wir schon ohne Zögern, am letzten Wasserfall veranstalten wir gar einen Saltowettbewerb. Kerle wie wir. Erst als wir an Land kommen, merken wir, daß wir vor Kälte am ganzen Körper schlottern.

Dann das Finale. Wir werden in den Bus gesteckt und ans Ufer des Attersees gekarrt. Dort drückt uns der Harti (Hartmuth) Gleitschirme in die Hand und verpaßt uns unbequeme Korsetts, an denen wir die Schirme befestigen müssen. Drei schnelle Startversuche am Fuß eines Hanges, ulkige Stürze, dramatischer Seilsalat. Dann müssen wir zwanzig Meter hinaufklettern, uns flugbereit machen und auf den Wind warten. Nach und nach schwingen sich die Wochenendabenteurer in die Lüfte, schweben hundert Meter weit, landen. Schön sieht es aus.

Nur ich stehe da und schwitze. Wo bleibt bloß der Wind? Mann, ist mir warm.

Da! Aus dem Augenwinkel sehe ich, wie sich der Windmesser zu meiner Linken leicht bewegt. Eine zarte Brise streicht den Berg hinauf. Und schon brüllt der Harti von rechts: »Bauer!« Ver-

Brrrr!: Tauchgang ins vier Grad kalte Wasser

dutzt schau ich ihn an. Was meint der? Droht Gefahr durch einen wilden Landwirt? Ach nein, Österreicher ersetzen, das »P« ja gern durch ein »B«, auch wenn sie englisch reden. Power. Ich stürze los. Über mir bläht sich der Schirm. Ich fliege. Wie herrlich. Zehn Meter unter mir gleitet die Wiese vorbei.

Da brüllt Harti schon wieder: »Bremsen! Landen!« Wieso? Ich bin doch erst ein paar Sekunden in der Luft. Ehe ich mich recht versehe, schlägt mein Hintern auf. Berauscht vom Gleiten hatte ich nicht bemerkt, daß der Boden immer näher kam. Ziemlich unelegant werde ich ein paar Meter geschleift, bis ich vor den Füßen meines Mit-Abenteurers Bernd zum Stehen komme. Der grient wie Ernie aus der Sesamstraße und sagt nur: »Ei, des war super!« Aber echt. *Lars Nielsen*

INFO: Veranstalter: Abenteuer-Club Salzkammergut, Hauptstr. 327, A-4822 Bad Goisern 327, Tel. 0043-6 13 25-854, Fax 74 09. Dauer: 3 Tage. Kosten: 590 Mark (inkl. Übernachtungen, Frühstück) zuzügl. Anreise.

Endlich abheben: Paragliding am Attersee

Literaturtips

Cannain/Himmelseher/Stein: **»Tausend Tips für Trotter, Tramper, Traveller«.** Conrad Stein Verlag, 1994, 22 Mark.
Kursbuch ins Abenteuer: Trotz des teils gewollt lässigen Palavers »von Tramp zu Tramp« steckt das Büchlein prallvoll mit nützlichen Informationen und vielen Adressen, die vor allem zur Vorbereitung von Reisen auf eigene Faust brauchbar sind.

Hans von Gottberg: **»Fahrten, Ferne, Abenteuer«.** Ensslin & Laiblin Verlag, 1995, 12,80 Mark.
Viele Infos für wenig Geld im Taschenkalenderformat: über Orientierung, Feuer, Essen und Schlafen draußen im Freien.

John Wiseman: **»SAS Survival Guide«.** Harper Collins, Glasgow 1993, 12,80 Mark (z. B. über Globetrotter zu beziehen).

Der Formatgewinner: Der übersichtlich strukturierte Miniguide ist nur zigarettenschachtelklein, hat aber großen Nutzwert – allerdings nur für Abenteurer mit guten Englisch-Kenntnissen!

Rainer Höh: **»Survival«.** Handbuch für die Wildnis. Schettler Publikationen, Hattorf, Neuaufl. 1996, 18 Mark.
Klassiker für echte Wildlife-Freaks im handlichen Format mit mäßiger Optik. Dafür viele Tips – von der Ausrüstung bis zur Durchführung einer Wildnistour, alles über Proviant, Gesundheit, Notfälle, Iglu-Bau etc.

Roland Hanewald: **»Das Tropenbuch«.** Vom Leben und Überleben in tropischen und subtropischen Ländern. Jens Peters Publikationen, Bremen 1994, 27,80 Mark.

Solider Ratgeber: übersichtlich und ansprechend gestaltet, mit fundierten Ratschlägen, die für jede Reise in Tropenregionen wichtig sind. Tips zu Ernährung, Erster Hilfe, Umwelt, Pflanzen und vielem mehr.

Schetar-Köthe/Paul: **»Reiseausrüstung und -vorbereitung«.** DuMont, Köln 1993, 19,80 Mark.
Allgemein gehaltener Ratgeber, auch für Abenteuer-Anfänger, mit Materialkunde von A–Z, viele »Einkaufstips« und Info-Adressen.

Outdoorhandbücher **»Basiswissen für draußen«.** Stein Verlag, ab 12,80 Mark.
Die Reihe liefert praxisnahes Grundwissen in verschiedenen »Abenteuer-Disziplinen«, z. B. die Titel: Karte und Kompaß, Solo im Kanu, Wildniswandern, Rafting, Mountainbiking, Skiwandern etc.

Michael Apter: **»Im Rausch der Gefahr«.** Warum immer mehr Menschen den Nervenkitzel suchen. Kösel, Kempten 1994, 34 Mark.
Der amerikanische Psychologe liefert interessante Erklärungen und Hintergründe dazu, warum »ganz normale Leute verrückte Dinge tun«, weshalb Risiko gelegentlich Spaß macht und wieso der Mensch mitunter seine Grenzen erproben muß.

David Werner: **»Wo es keinen Arzt gibt«.** Medizinisches Gesundheitshandbuch zur Hilfe und Selbsthilfe auf Reisen. Reise Know-How Verlag, Bielefeld, Oktober 1995, 26,80 Mark.
Der Klassiker: Detaillierter Helfer auf Reisen, vor allem in tropischen und subtropischen Ländern, auch eine sinnvolle Lektüre zur Vorbereitung.

»Extrem-Abenteurer leben länger« – *wenn sie nicht verunglücken«.*

Dr. David Weeks, Neuropsychologe am Royal Edinburgh Hospital, hat das Leben von Exzentrikern untersucht. Carsten Jasner sprach mit ihm über Todessehnsucht und Voyeurismus.

Eisige Mutprobe: Gletscherklettern

GEOSAISON: Menschen stürzen sich an einem Seil aus dem Flugzeug oder klettern ungesichert die Fassade des World Trade Center hinauf. Sind diese Leute lebensmüde?
DAVID WEEKS: Nein. Was sie tun, empfinden sie als anregend. Getrieben von einer freudigen Besessenheit, suchen sie nach Sensationen, nach einem Kick. Dafür tun sie gefährlichere, riskantere Dinge als der Normalbürger. Denn ihre Reizschwelle liegt sehr hoch.

Warum gehorchen sie nicht diesem uralten, ziemlich sinnvollem Instinkt: Laufe weg, wenn Gefahr droht?
Die Selbstschutzmechanismen greifen bei ihnen nicht, weil sie ihrer Ansicht nach ihr Leben gar nicht aufs Spiel setzen, sondern die Gefahr bewußt kalkulieren. Nicht von Instinkten werden sie gelenkt. Ihre Hauptmotivation ist eine intellektuelle: die Neugier.

Neugier worauf?
Auf sich. Sie sind Voyeure ihrer selbst. Wer einen fast senkrechten Hang hinunterwedelt, beobachtet die Kraft seines Körpers, wie der auf die Gefahr reagiert.

Spielt nicht auch die Suche nach Anerkennung und Ruhm eine Rolle?
Viele Extremisten sind charismatische Menschen. Sie lassen sich bewundern, doch nicht im narzißtischen Sinn. Sie wollen Vorbild sein und hoffen, wer sich mit ihnen identifiziert, wird vielleicht glücklicher.

Sind Extremisten ein Phänomen unserer modernen Gesellschaft?
Menschen, denen das gesellschaftliche Leben zu langweilig und banal ist, hat es schon immer gegeben. In meinen Untersuchungen über Exzentriker* bin ich dem Briten Jack Mytton begegnet, der Anfang des vorigen Jahrhunderts Kutschen im Höllentempo durch die Gegend jagte. Als ihm ein Freund gestand, daß er noch nie einen Unfall hatte, war Mytton schockiert. »Was für ein langweiliges Leben«, rief er und lenkte die Kutsche gegen die Böschung, worauf sie sich überschlug. Solche Menschen halten nicht sich für außergewöhnlich, sie wundern sich eher über die anderen.

Psychoanalytiker behaupten, Extremisten wollen persönliche Probleme durch ein Gefühl der Allmächtigkeit kompensieren, durch Überwindung des Todes.
Die typisch psychoanalytische Sicht: unverarbeitete Probleme, Kompensation und so weiter. Doch Extremisten handeln nicht unbewußt, sie suchen das Risiko aus freien Stücken. Es gibt einige wenige, die womöglich Todes-Wünsche haben: die exzessiven Risiko-Abenteurer. Aber sie haben in der Szene keinen guten Ruf. Ranulf Fiennes ist solch einer, der britische Arktis-Forscher und Schriftsteller. Niemand bricht mit ihm ein zweites Mal auf, weil er gefährlich leichtsinnig ist.

Kann das Verlangen nach extremen Abenteuern zur Sucht werden?
Ich würde nicht von Sucht sprechen. Es sind keine körperlichen Symptome erkennbar, die jemanden zwingen, weiterzumachen. Es ist eher eine Frage der Persönlichkeit. Wie bei extremen Risiko-Spielern. Wenn die beim Pferderennen 20 Mark auf einen Außenseiter setzen und verlieren, dann setzen sie mehr Geld auf noch größere Außenseiter. Sie nennen es »chasing«, eine Art Aufholjagd. Die Chance zu gewinnen sinkt zunehmend. Würden sie jedoch mit den anderen Spielern auf den Favoriten wetten, könnten sie ihr verlorenes Geld nicht mehr hereinholen. Ähnlich ist es mit Abenteurern. Auch sie jagen einem Gefühl hinterher mit immer riskanterem Einsatz. Wenn sie die Alpen bestiegen haben, müssen sie beim nächsten Mal im Himalaya herumkraxeln. Sonst wären sie unbefriedigt.

Und wenn sie scheitern?
Wenn sie dabei nicht gerade einen tödlichen Unfall erleiden, dann machen sie weiter. Die meisten Exzentriker sind Optimisten, und einen Mißerfolg betrachten sie als interessante Erfahrung.

Profitieren Abenteurer von ihren Erfahrungen auch im Alltag, oder holt sie da der Frust ein?
Sicher wirkt sich das Erlebnis in der Felswand positiv auf das Arbeitsleben aus. Wer Angst und Erschöpfung überwunden hat, als er den Mount Everest hinaufstiefelte, wird nicht vor dem Chef auf die Knie sinken. Aber auf längere Sicht stellt sich Frust ein. Am liebsten hätten Abenteurer genug Geld, um nur noch ihrer Risikolust zu frönen.

Sie behaupten, Exzentriker leben länger.
Solange sie bei ihrer Leidenschaft nicht tödlich verunglücken, leben sie ein erfülltes, glückliches, langes Leben. Häufig wirken sie auch jünger, als sie sind.

Empfehlen Sie Abenteuer als Therapie?
Ja, warum nicht. Man muß ja nicht gleich 8000er Gipfel ohne Sauerstoffmaske erklimmen. Trekken im Dschungel reicht schon. Wir müssen unseren Mut und unsere Ausdauer testen, das ist wichtig für Körper, Psyche und Gefühl.

* David Weeks & Jamie James: »Eccentrics«. Phoenix/Orion Books, London 1996. Dt. Ausgabe in Vorbereitung.

Abenteuer von B bis Z

Abenteuer gibt's überall: Ganz gleich, ob Sie mit dem Kanu über Alaskas Seen paddeln oder auf einem Kamel durch die afrikanische Wüste reiten wollen – hier haben Sie die volle Auswahl.

BOOTSTOUREN

IN DEN URWALD der Amazonas-Region führt eine sechstägige Exkursion. Unterwegs im Labyrinth der Flußarme lernen die Reisenden Flora, Fauna sowie die Lebensweise der Ureinwohner kennen. Nächte in Lodges und den Hängematten der Urwaldcamps.
Ort: Brasilien
Termine: tägl. ab 2 Personen 1240 Mark ab/bis Manaus
Info: Sol e Vida
Bootsexpeditionen auf dem Amazonas auch bei: Ikarus Tours

Zu EISBERGEN, Gletschern und in Fjorde, die nur mit einem wendigen Boot erreichbar sind, führt eine 9-Tage-Exkursion. Durch Treibeisfelder werden einsame Fischerdörfer angesteuert, von dort aus Wanderungen ins Inland. Zwischendurch: Walbeobachtungen. Übernachtung in Hütten und Zelten.
Ort: Grönland
Termine: wöchentlich ab Mitte Juni, ab 4600 Mark, Verlängerung möglich
Info: Inter Air Voss-Reisen
Wandersafari mit Eismeerkutter in Grönland auch bei: Trekking Tours Hoffmann

CANYONING

In Felsspalten klettern, sich in Wildwasserschluchten stürzen, Abseilen, Tauchen und Rutschen: Rund um Hallein gibt es Fünf-Tages-Trips auf drei Leistungsstufen (Einsteiger, Sportler und Könner).
Ort: Österreich
Termine: ab Mai; ab 590 Mark (ohne Anreise)
Info: Club Montée/Sun & Fun

100 Kilometer südlich der Pyrenäen wartet die Sierra de Guara, eines der schönsten Cañongebiete Südeuropas, auf kräftige Schwimmer, die fit und mutig sind. Nach Abseil-Training und Einführung geht es 14 Tage durch Kaskaden, Wasserfälle, Grotten und Höhlen. Zwischendurch: Zeit zum Wandern oder Ausspannen. Übernachtungen im Natur-Sport-Camp.
Ort: Spanien
Termine: Mitte Juni bis Anfang September; ab 1555 Mark (ohne Anreise), 2195 Mark

Canyoning in Österreich

inkl. Flug, 6-Tages-Tour ohne Anreise 795 Mark
Info: Outdoor Travel
Canyoning-Touren in die Sierra de Guara auch bei: faszinatour und action & funtours

DSCHUNGEL-EXPEDITIONEN

Im Einbaum durch den Dschungel am Orinoco paddeln, mit Indianern zu den Para-Wasserfällen wandern, in Lagunen baden, Biketouren und Ausflüge zu Indianerdörfern und in Nebelwälder machen. Dann drei Tage am Palmenstrand ausspannen. Nächte in Hängematten, Hütten und Hotels.
Ort: Venezuela
Termine: jeden Donnerstag bis 27. 10.; 3190 Mark
Info: Adventure World
18 Tage Regenwald-Trekking in Venezuela mit Besuch bei Indios und Einbaum-Tour auch bei: schulz aktiv reisen

Auf Wanderungen und Flußfahrten 15 Tage den Urwald im Norden Borneos durchstreifen: Trekking im Regenwald, Höhlenpassagen und moderate Klettertouren gehören dazu. Übernachtung in Camps, Hängematten und Hotels.
Ort: Brunei, Sabah
Termine: 17. 11.–1. 12., 19. 1.–2. 2., 13.–27. 4.; ab 3390 Mark
Info: Ikarus Tours
Eine Borneo-Reise mit Langkanus organisiert auch: abenteuer & exotik. Kanu- und Trekkingtouren im Urwald Borneos auch bei Geo-Tours und Yeti Reisen

EISENBAHNABENTEUER

»Transafrika per Bahn« – eine Möglichkeit, landnah, aber ohne Strapazen zu reisen. Von Nairobi bis Kapstadt in geräumigen Abteilen mit kolonialer Atmosphäre. Zwischendurch viele Abstecher: per Flugzeug nach Sansibar, zu Fuß zu den Victoria-Fällen, per Bus nach Lusaka, Kimberley und zum Kap der Guten Hoffnung. Nächte im Zug und in Vier-Sterne-Hotels und Lodges.
Ort: Afrika
Termine: 7.–25. 11., 26. 12.–13. 1., 16. 1.–3. 2., 13.–31. 3.; 5200 Mark
Info: Lernidee Reisen

HUNDESCHLITTENSAFARI

Nach zwei Trainingstagen auf einem Bauernhof geht es drei Tage lang über verschneite Hochebenen in die Bergwildnis. Die Huskies vor den Schlitten kennen den Weg, die Gäste müssen nur auf eins achten: niemals loszulassen. Übernachtet wird in Hütten oder beheizbaren Samenzelten.
Ort: Südnorwegen
Termine: Silvester, Anfang Feb.; 1590 Mark
Info: Reiseagentur M. Bär

In den Wäldern Kainuus legen Winterfans 30 bis 60 Kilometer täglich mit selbstgeführten Hundeschlitten zurück. An der finnisch-russischen Grenze erleben die Abenteurer eine Woche nordischen Winter pur: Eisfischen, Nächte in Wildnishütten, Zelten und Ferienzentren, Aufwärmen am Lagerfeuer und in der Sauna.
Ort: Finnland
Termine: ab Dez.; ab 3373 Mark
Info: Skandinavien-Reisen

Zu Gast bei den Eskimos in der Disko-Bucht. Von Ilulissat geht es bis 600 Kilometer nördlich des Polarkreises.

Sechs Tage sind die Reisenden mit Huskies unterwegs über Meereseis und Fjells, sehen Fischer und Jägersiedlungen. Nächte in Zelten, Hütten, Hotels. Vorbereitendes Winter-Camp empfohlen.
Ort: Grönland
Termine: 14-Tages-Touren ab Anfang Januar; ab 6500 Mark
Info: Arktis Reisen Schehle
Hundeschlittentouren in Grönland und Lappland auch bei: Trekking Tours Hoffmann, bei Trails Natur- und Erlebnisreisen und Out Door Erlebnisreisen

KAMELKARAWANEN

Außergewöhnliche Landschaften und Begegnungen in der zweiwöchigen »Meharee Arakaou«. Von der Sultanstadt Agadez geht es in Geländewagen zum Brunnen von Fari, wo Tuareg-Begleiter und Kamele warten. Zu Fuß und reitend geht die Reise dann mit der Karawane sechs Tage lang vorbei an dunklen Bergen, Sanddünen, Oasen. Nächte unter Sternen.
Ort: Niger
Termine: 21. 12.–5. 1., 15. 2.–2. 3., Osterferien; 4950 Mark
Info: Sun Tours
Eine Niger-Expedition, allerdings per Geländewagen, bietet: Minitrek-Expeditionen.

Mit dem »eigenen« Dromedar durch die Dünenlandschaft der Wahiba Sands, zu Beduinen und Wasserlöchern reiten und wandern. Dann durchs Hajar-Massiv trekken bis zum Golf von Oman. Nächte in Zelten und Hotels.
Ort: Sultanat Oman
Termine: 21. 12.–5. 1., 22. 3.–6. 4.; ab 5890 Mark
Info: Geo-Tours

100 Kilometer unerschlossene Küste entdecken die Teilnehmer eines Kameltreks entlang des von Felsen, einsamen Stränden und Dünen gesäumten Atlantikstreifens. Die Tour erfordert Ausdauer, die Kamele werden von Guides betreut.
Ort: Marokko
Termine: Je zweieinhalb Wochen im Juli und August; 3300 Mark
Info: Sun Tours

Kamelkarawane in Afrika

In die Sandwüste Südtunesiens führt eine Kamelkarawane mit Beduinen, die sich auch für Wüsten-Einsteiger eignet. Nach drei Tagen Fußwanderung durch das Bergland von Dahar, während derer Esel das Gepäck tragen, trifft die Gruppe die Karawane und zieht mit ihr sechs Tage durch die Sahara.
Ort: Tunesien
Termine: 8.–22. 10., 19. 11.–3. 12., 24. 12.–7. 1., 4.–18. 2., 20. 3.–8. 4.; 2970 Mark
Info: Oase Reisen
Kamel-Karawanen in die Sahara organisieren auch: Trekking Tours Hoffmann, Geo-Tours, Minitrek-Expeditionen.

KANUWANDERN

Abenteuer Alaska: auf dem Beaver Creek durch den White-Mountains-Nationalpark paddeln, Tiere beobachten und dabei das (Über-)Leben in der freien Natur erproben – der Kanu-Trip in den Hohen Norden ist ein echtes Wildniserlebnis. Nach 630 Flußkilometern endet die Tour an der Yukon-Brücke am Dalton Highway.
Ort: Alaska
Termine: 26 Tage Juli/August; 4980 Mark
Info: Scouting
Wildnisabenteuer In Alaska und Kanutouren in Kanada auch bei Trails

Elch und Bär sehen vom Ufer aus den Kanuten zu, die von Whitehorse aus über den Yukon River in Richtung Norden gleiten. Beschaulich paddeln sie zwei Wochen vorbei an Wäldern und Bergen bis in die legendäre Goldgräberstadt Dawson City. Nächte in Camps.
Ort: Alaska
Termine: Ende Juli/Anfang August; ab 2398 Mark (ohne Flug)
Info: Canusa Touristik

Eiskalte Tour: Kajakfahrer in Kanada

Halligen, Warften, Seehunde und Seevögel werden auf der Kajaktour durchs Wattenmeer umpaddelt. Bei Strecken bis 30 Kilometer bleibt Zeit für Insel-Erkundungen. Seekajak-Erfahrung notwendig.
Ort: Nordfriesland
Termine: 4- bis 7-Tages-Touren von Mai bis September; 345–735 Mark
Info: Outdoor Connection

Tief ins Värmland dringt eine Kanu-Safari vom Camp Grunnerud aus vor. 180 Kilometer in 14 Tagen sind auch von Anfängern mit etwas Kondition zu bewältigen. Es bleibt Zeit zum Angeln, für Beerensuche oder Kanufahrten. Abends Zeltbiwak an einsamen Buchten.
Ort: Schweden
Termine: wöchentlich ab Anfang Juni; ab 1750 Mark mit Transfer
Info: Sun Team
Värmland-Tour im selbstgebauten Floß bietet: Wikinger Reisen; Värmland-Kanureisen auch bei Out Door Erlebnisreisen.

KANU- UND TREKKINGTOUREN

Per Kanu geruhsam eine Seenkette durchpaddeln und dann zu Fuß in sieben Tagen den 72 Kilometer langen, einsamen West Coast Trail auf Vancouver Island bewältigen – besser läßt sich die Natur British Columbias kaum entdecken.
Ort: Kanada, B.C.
Termine: 3 Wochen im Mai und September; 2500 Mark (ohne Flug)
Info: Outdoor Travel

Entlang dem Polarkreis von Sisimiut nach Söndre Strömfjord führt eine Kanu- und Trekkingtour in unberührte arktische Natur. Mehrere Tageswanderungen (auch mit Gepäck). Übernachtungen in mitgeführten Zelten. Empfohlen: Vorbereitungswochenende in den Allgäuer Alpen.
Ort: Grönland
Termine: 9-Tages-Touren ab Mitte Juni bis Anfang September; 3320 Mark (inkl. Flug)
Info: Arktis Reisen Schehle

Auf dem Ivalojoki-Fluß acht Tage durch menschenleere Wildnis zum Inari-See zu paddeln ist ein Erlebnis für willensstarke Naturfreaks. Vorher: ein Kanukurs in ruhigeren Gewässern und dreitägiges Trekking im Oulanka-Nationalpark.
Ort: Lappland
Termin: 21 Tage ab Anfang Juni; ab 2220 Mark
Info: Elch Adventure Tours

Mit dem Wasserflugzeug in den äußersten Norden Kanadas. Von der Quelle des Turnagain River paddelt die kleine Gruppe durch die Wildnis zurück gen Zivilisation – vorbei an den 25 Meter hohen Zwerger Cascades, die Zwerger und Raab vor einigen Jahren entdeckten. Voraussetzung: Vorbereitungswochenende.
Ort: Kanada
Termin: drei Wochen ab Anfang Juli; 5960 Mark (inkl. Vorbereitung)
Info: Zwerger & Raab

MOUNTAINBIKE-TRIPS

An den Rand der Wüste, in Oasenstädte und zu Berberdörfern Südtunesiens führt eine siebentägige Tour. Die Tagesetappen (bis 60 Kilometer) bewältigen auch Mountainbike-Einsteiger mit guter Kondition. Übernachtet wird in urigen Hotels und unter freiem Himmel.
Ort: Tunesien
Termine: 2.–9. 11., 1.–8. 2.; 1840 Mark
Info: Alps MTB-Tours

Die Alpenüberquerung vom Genfer See bis zum Mittelmeer per Bike ist kein Erholungsurlaub – aber der Beweis, daß auch in Europa noch Abenteuer möglich sind. Das Bikerteam bestimmt die Länge der Etappen. Unterkunft in bewirtschafteten Hütten. Für Könner.
Ort: Alpen
Termin: Zwei Wochen, Mitte August 1997; 1599 Mark ohne Anreise, Verpflegung und Übernachtung
Info: Serac Joe

MULTI-ADVENTURE

19 Tage Natur, Sport und Abenteuer in Neuseeland auf einer actiongeladenen Rundtour über die Nord- und Südinsel: Schnorcheln, Tauchen, Gleitschirmfliegen, Segeln, Reiten, Sand-Boarding, Jet-Boot-Trips und Bungee-Jumping. Außerdem: Besuche bei den Maori und viele Tierbeobachtungen.
Ort: Neuseeland
Termine: Jan./Feb.; ab 6970 Mark
Info: Adventure Holidays Norbert Lux

Survival und Erste Hilfe

Ein **Wildnistraining** vermittelt drei Tage lang Grundlagen für die Orientierung und das Überleben in der Natur als Vorbereitung für längere Touren.
Ort: Schwarzwald
Termin: um Pfingsten, 295 Mark, **Info:** Zwerger & Raab

Entdecken-Erleben-Überleben – ausgestattet nur mit Schlafsack, Kleidung und Taschenmesser: Bei Horst Wimmers Naturprogrammen in der Eifel erfährt man alles über das Draußenleben ohne technische Hilfsmittel und dazu viel über sich selbst. Vier-, fünf- oder siebentägige Seminare.
Termine: 4.–8. 10. 1996, jeden Monat ab Ende Januar 1997; 490 bis 730 Mark, **Info:** Naturprogramme Wimmer

Erste Hilfe In der Wildnis: Das Richtige zu tun lernen die Teilnehmer eines 4-Tage-Kurses im Schwarzwald. Mit Rettungssanitätern und Outdoor-Ausbildern. Übernachtung in Pensionen.
Termine: 3.–6.10., 31.10.–3.11., 16.–19.1., 27.–30.3., 3.–6.4., 12.–15.9.; 489 Mark
Info: Pioneer Erlebnisreisen
Ein interessantes Survival-Training (14 Tage Südschweden) auch bei: Adventure Tours

Beim **Winter-Survival** im Allgäu werden Touren im Schnee und der Umgang mit Schlittenhunden geübt.
Termine: Wochenenden im Jan./Feb.; ab 245 Mark
Info: Arktis Reisen Schehle

Survival First Aid Training: Abenteurer oder Outdoor-Fans lernen, in Notsituationen allein zurechtzukommen. Mit Erste-Hilfe-Ausbildung und Arzt-Seminar.
Ort: Diemerstein
Termine: Anfang Mai, 275 Mark
Info: Outdoor Travel

Wildnis-Lehrgänge mit verschiedenen Schwerpunkten, auch Winter-Biwaks, in drei-, fünf- oder achttägigen Kursen.
Info: Scouting

RATGEBER Abenteuer-Reisen

Adventure Challenge in Nepal ist das Motto eines Drei-Wochen-Trips für Aktive mit Kondition: per Mountainbike fünf Tage das Kathmandu-Tal hinauf, dann zwei Tage im Raftingboot bergab. Höhepunkt ist ein fünftägiger Himalaya-Trek bis zum Poon Hill (3194 Meter).
Ort: Nepal
Termin: 1.–21. 11.; 3699 Mark
Info: Mondo Tours

Wanderungen zwischen Sierra Nevada und Rocky Mountains und Touren durch Nationalparks auf der Vier-Wochen-Reise durch Colorado, Utah, Arizona und Kalifornien. Und: Pferdetrek zu Indianern, Rafting auf dem Colorado, Canyoning, Ausritte und Bike-Trips. Nachts Wildnis-Camp.
Ort: USA
Termin: 14. 9. 1996, 16. 8., 13. 9.; 4600 Mark, 29 Tage: 5300 Mark
Info: Wigwam-Tours
Wanderreisen in den USA organisiert auch: Moritz Egetmeyer.

Bobfahren auf der Olympiastrecke in Norwegen, Elchsafari, Kanutour, Rafting, Trekking und Gletscherwanderungen – auf dem Trip zu Fjorden und Gebirgen (für Leute bis 35) fehlt kaum eine Aktivität, die Spaß machen könnte.
Ort: Norwegen
Termine: je 15 Tage Juni/August; 2190 Mark ab Oslo
Info: Studiosus

Mit landestypischen Verkehrsmitteln durch Zentralamerika: Auf Pferden zu Maya-Monumenten, im Zug zur Karibikküste, im Schulbus über die Dörfer, mit dem Propellerflieger in den Regenwald, per Einbaum zu den Indios, zu Fuß in den Bambuswald und per Wassertaxi ins Tauchparadies. Nächte in Pensionen und Hotels.
Ort: Honduras
Termine: 3.–19.10., 9.–25.11.; ab 5530 Mark
Info: Comtour

Der Tambopata-Nationalpark wird zu Fuß und per Boot erkundet, die Gruppe erlebt ein zweitägiges Rafting auf dem Urubamba-Fluß und ein viertägiges Trekking auf dem »Inka-Trail« bis Machu Picchu. Außerdem: Zwei Tage in Lima, Ausflüge ins Amazonasgebiet. Übernachtung in Hotels, Zelten und Lodges.
Ort: Peru
Termine: 19. 10.–4. 11., ab Ende März 1997; ab 4995 Mark
Info: GeBeCo Reisen

Eine alte Wassermühle ist Ausgangspunkt einer Aktivreise in ein Seitental des Lot. Die Natur zwischen Figeac und Cahors wird auf Wanderungen, Kanufahrten und Fahrradtouren erkundet.
Ort: Frankreich
Termine: 2.–13. 10., 11.–20. 10.; ab 795 Mark (Anreise per Bus)
Info: Natours-Reisen

Vom Amazonas-Tiefland ins Anden-Hochland mit Vulkanen und kolonialen Städten und in die tropische Küstenregion: Tageswanderungen (mit durchschnittlicher Kondition zu schaffen). Bootsfahrten im Dschungel, spektakuläre Eisenbahnfahrt durch die Anden, Erholungstage am Pazifik.
Ort: Ecuador
Termine: 2.–23. 11., 26. 12.–16. 1., 1.–22. 2., 22. 3.–12. 4., 28. 6.–19. 7.; ab 3950 Mark
Info: Take Off

Je steiler und schroffer, desto spektakulärer: Mountainbikefahren

RADWANDERN

Durch Burkina Faso mit stabilen Rädern, die auch Einheimische nutzen: Die landnahe Expedition zeigt Radlern traditionelle Architektur und Lebensweisen Westafrikas. Ausflüge in den Busch, zu Elefanten und eindrucksvollen Felskaskaden. Übernachtung in Zelten.
Ort: Burkina Faso
Termine: 5.–20. 11., 3.–18. 12., 21. 12.–7. 1. 1997; ab 4120 Mark.
Info: Sun Tours

Benzin ist rationiert, also rauf aufs Rad: über die Berge im wilden Osten oder etwas gemächlicher durch den sanfteren Westen der Karibikinsel. Nächte in Hotels.
Ort: Kuba
Termine: 2.–17. 11. (West), 17. 11.–1. 12. (Ost); 3290 Mark
Info: Velo Travel

Durch Dörfer der Provinz Guangdong sind die Teilnehmer einer 23-Tage-Expedition unterwegs: 13 Tage radelnd, sonst mit Boot, Bahn und Bus. Nächte in Hotels und Herbergen.
Ort: Südchina
Termin: Mai/Juni; ab 4890 Mark
Info: Ikarus Tours

RAFTING

Die Cañons der Seealpen im Herzen der Provence sind Ziel einer wilden Exkursion. Drei Tage River-Trekking am Var, dann durch die Roten Schluchten von Daluis und

---

Sportkurse und Schulungen

ALPINE AUSBILDUNGSKURSE in verschiedenen Disziplinen, Sicherheitstraining und Trekking-Vorbereitungen werden für Einsteiger und Profis angeboten.
Info: Hauser Exkursionen, DAV Summit Club

Ihr »**MUSHER-DIPLOM**« erhalten Teilnehmer nach dem einwöchigen Kurs in der ersten Schlittenhundeschule Deutschlands.
Ort: Bayrischer Wald
Termin: wöchentlich von Mitte Okt. bis Ende April; 1390 Mark
Info: Zwerger & Raab

Gründliche Ausbildungen in diversen **NATURSPORTARTEN** durch Profis mit langer Erfahrung: Flugschule, Kajakschule und Alpinschule in Abtenau bieten individuelle Kurse für Anfänger und Fast-Profis. Außerdem: Outdoor-Programme, Rafting und Canyoning.
Info: Alpin Sports

KLETTERKURSE und Kletterführungswochen, Aufbaukurse im Eis und andere alpine Disziplinen, Wochenenden und sieben Tage.
Info: Amical Alpin

Kurse in fast jeder actiongeladenen Sportart wie Tauchen, Drachen- und Gleitschirmfliegen, Reiten oder Sportklettern in Deutschland und im europäischen Ausland.
Termine: Schulferien
Info: Deutsches Jugendherbergswerk

WESTERNREITEN: Ausbildung und Ausritte auf Ferienranch in Irland.
Termine: ganzjährig, Wochenkurs ab 1420 Mark, Wochenende ab 690 Mark
Info: Pegasus Reiterreisen

KAJAK- UND CANADIER-SCHULUNGEN auf hiesigen und fernen Gewässern, aber auch Einsteigerkurse in Sachen Rafting – für alle, die das nasse Abenteuer proben wollen, ehe sie sich ganz reinstürzen.
Temine: ab Anfang Mai
Info: Outdoor Connection

TAUCHSCHULUNGEN, Tauchkreuzfahrten und Schnupperkurse der Adventure Connection Australia im australischen Palm Cove werden geleitet von deutschsprachigen PADI-, NAUI und CMAS-Master-Tauchlehrern.
Termine: ganzjährig, Schnupperkurse ab 260 Mark
Info: CA Ferntouristik/Froschtouristik

EINE NEUE SPORTART lernen oder im Lieblings-Sport richtig fit werden. Eigene Angebote und Vermittlung zu Spezial-Veranstaltern. Vor allem für junge Leute.
Info: Sport-Scheck Reisen

FLIEGEN LERNEN Teilnehmer der Theorie- und Praxis-Kurse im österreichischen Spital: Paragliding, Drachenfliegen, Tandemsprünge. Zwischendurch: Bungee-Jumping, Rafting und Klettern. Schnupperkurse ab 80 Mark.
Info: Wings

Interessante Kurse bietet auch **OUT DOOR ERLEBNISREISEN**: Kanuschulungen auf mecklenburgischen Seen vom familienfreundlichen Camp am Labussee aus, Wochen- und Wochenendkurse.
Termine: Mo und Fr, 1. April–30. Okt.; ab 288 Mark
Info: Biber-Tours

zum Verdon, dem Grand Canyon Europas. Übernachtung im Lager.
Ort: Frankreich
Termine: 11.–17. und 18.–24. 5. 1997; 675 Mark (ohne Anreise)
Info: action & funtours

Im Aktivcamp Ötztal heißt es eine Woche lang »action pur«: Außer dem Rafting in der Imster Schlucht stehen Canyoning, Canadier-Rafting, eine Stollenwanderung, Mountainbiking und eine Eissafari zum Gletscher auf dem Programm. Übernachtung im Hotel.
Ort: Österreich
Termine: wöchentlich ab Ende Mai bis 6. 10.; ab 1120 Mark,
Info: faszinatour

Cliffhanger: Kletterunterricht

Weitere Rafting-Angebote (auch Imster Schlucht): Global Rafting Sports

Kata-Rafting verbindet Kanupaddeln mit Rafting: Bei wilderem Wasser werden die 2- bis 4-Personen-Kanus zum großen Rafting-Schauchboot verbunden. Ideale Probestrecke: Fünf Tage auf der Salzach von Mittersill bis Passau. Nächte im Camp am Ufer.
Ort: Österreich
Termine: Mai; 649 Mark (ohne Anreise)
Info: Club Montée/Sun and Fun

Die mächtigen Fünftausender des Tien-Chan-Massivs bilden die Kulisse zu diesem Abenteuer, bei dem mit russischen »Katarafts« der ungebändigte Fluß Tschatkal bezwungen wird: fünf Schluchten und 100 Kilometer in zehn Tagen

Extra-Tip

Die Datenbank »Reise-Spezialveranstalter« enthält weit über 2000 Abenteuerreisen, die gegen eine Gebühr von 10 Mark nach unterschiedlichen Kriterien abgefragt werden können (Ziel, Dauer, Teilnehmerzahl, Route, Leistungen, Termin etc.). Alle Daten sind kostenlos als Online-Version auch im Internet präsent.
Kontakt: Jens Kornemann, Tel. 040-44 69 75, Fax 040-410 67 11.
E-Mail: erlebnisreisen@channel-one.de, Online-Datenbank: http://channel-one.de/erlebnisreisen

(mit Gepäck!). Abends Lagerleben in freier Wildnis.
Ort: Kirgistan
Termin: 1.–15. 10. 1997; 3990 Mark
Info: Outdoor Connection

REITEN

Gutmütige Islandpferde »tölten« zu den Bergen von Landmannalaugar, durch Gletscherflüsse und vulkanische Aschewüsten. Zwischendurch: ein Bad im von Erdquellen erwärmten Fluß. Nächte auf Farmen und in Hütten.
Ort: Island
Termine: je 10 Tage im Juli und August; ab 3765 Mark
Info: Island Tours
Pferdetrekking in Island auch bei: Arktis Reisen Schehle, Lundi Tours, Sun and Fun

Der Klassiker: Sonne, Meer und Sherry am Abend machen den Ritt in Andalusien zur Legende. Sattelfeste Spanienfans genießen zwei Wochen lang Landschaft mit leicht zu reitenden Pferden. Übernachtung in ländlichen Hotels.
Ort: Spanien
Termine: 21. 9.–5. 10., 5.–19. 10., 19. 10.–2. 11.; ab 2790 Mark (ohne Anreise), auch 8-Tages-Touren
Info: Pegasus Reiterreisen

Zehn Tage auf dem Pferderücken durch Kananaskis Country, auf schmalen Pfaden in die Hauptketten der Rockies – ein Erlebnis für gute Reiter. Nächte in Wildnislagern und im Tipicamp bei Indianern.
Ort: Kanada
Termine: 10. und 24. 9., ab Anfang Juni 1997; 2995 Mark (ohne Anreise)
Info: American Ranch Holidays
Trailritte und Ranchferien in den USA auch über: Pioneer, in Kanada über: CRD

SEGELN

Der Karneval von Trinidad ist Auftakt dieses Trips durch die Karibik, dann wird von Grenada aus über die Tobago Cays bis Mustique gesegelt. Für Anfänger und erfahrene Segler; ein Skipper ist als Berater dabei. Zwischendurch: Landgänge, Schnorcheln und Schwimmen.
Ort: Karibik
Termine: 7. 2.–1. 3. 1997; ab 5490 Mark
Info: Kreaktiv Segeln

Die Küste Südafrikas ist für anspruchsvolle Segler ein ungewöhnliches Revier. 14tägiger, sportlicher Hochseetörn mit der Yacht »Bernadette« (Swan 48).
Ort: Südafrika
Termine: 8.–22. 12. 1997, 23. 12. 1997–6. 1. 1998; 3900 Mark (ohne Flug)
Info: Swan Charter

Fischerorte, die nur per Schiff erreichbar sind, die abwechslungsreiche Süd- und Westküste Korsikas, die Straße von Bonifacio und der Maddalenenarchipel vor Sardinien machen den Reiz eines einwöchigen Mittelmeer-Törns aus.
Ort: Mittelmeer
Termine: ab Juli; 735 Mark (ohne Anreise)
Info: Frosch Sportreisen

TAUCHEN

Acht Tauchtage »no limit« rund um die artenreiche Insel Sipadan, danach Wildlife-Safari mit Dschungelwanderung, Urwaldflußexpedition und Besuch im Orang-Utan-Park. Nächte in Pfahlbau-Bungalows, Hotels und Dschungellodge.
Ort: Malaysia
Termine: 15 Tage ganzjährig; ab 4259 Mark
Info: Sun and Fun
Tauchtrips nach Malaysia auch über: Air Aqua und Schöner Tauchen

In zwei Weltmeeren unter Wasser: Elf Tage tauchen um Gorgona (Pazifik) und Capurgana (Karibik).

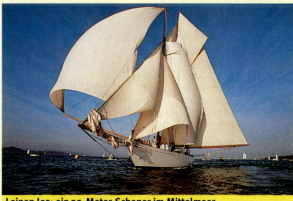
Leinen los: ein 39-Meter-Schoner im Mittelmeer

Anschlußprogramme: Dschungel-Camp, 6-Tage-Wanderung zur »Verlorenen Stadt«, Amazonasflußfahrt oder Archäologische Andentour.
Ort: Kolumbien
Termine: individuell, Tauchferien: 3500 Mark (ohne Flug)
Info: Tauchreisen Roscher
Tauchsafaris in der Karibik und in Lateinamerika auch bei: Adventure World

Vom Segelkatamaran aus zehn Tage lang in der nördlichen Bismarcksee Fische, Riffs und Wracks erkunden. Dazwischen Landgänge mit Besuchen bei Einheimischen.
Ort: Papua-Neuguinea
Termine: 8.–17. 10., 29. 10.–7. 11.; 3825 Mark (ohne Flug)
Info: Schöner Tauchen

TREKKING UND WANDERN

Eine Inselwanderung im Indischen Ozean für Pflanzenliebhaber. Auf einer sechstägigen Tour geht es durch die Talkessel von Salazie, Mafate und Cilaos im Herzen der Insel. Außerdem: Wanderungen zu Vulkanen, Besteigung des Piton des Neiges (3070 m). Für Wanderer mit guter Kondition.
Ort: La Réunion
Termine: 6.–23. 11., 26. 3.–12. 4.; ab 4450 Mark
Info: Trails

Durch Europas wildestes Gebirge – die Pyrenäen – führt eine Reise für ausdauernde Wanderer, Maultiere tragen das Gepäck. Pinienwälder, verträumte Seen und mit etwas Glück Begegnungen mit seltenen Tieren machen die zweiwöchige Tour zum Erlebnis.
Ort: Spanien
Termin: 19. 10.–3. 11.; ab 2195 Mark
Info: Out Door Erlebnisreisen

Zwischen vier spektakulären Hochgebirgen zieht eine Trekkingkarawane durch das obere Hunzatal bis an die chinesische Grenze. Zu den Bergriesen des Karakorum sind die Wanderer mit Yaks, einer zähen

RATGEBER *Abenteuer-Reisen*

Unter Tage: Höhlenkletterer

Rinderrasse, unterwegs. Sie kommen vorbei an jahrhundertealten Statuen, Klöstern und Felszeichnungen, sind zu Gast bei Hirten des Hunzavolkes und überqueren zwei Gletscher. Die Nächte verbringen sie im Zelt und in Hotels.
Ort: Pakistan
Termine: 23 Tage im Juni, August und September; ab 5180 Mark
Info: Trekking Tours Hoffmann

Durch die größten Schluchten Amerikas, den Grand Canyon und der Kupfercanyon in der Sierra Madre. Zwischendurch: Tageswanderungen zu Indianerdörfern, Entspannung am Meer und eine spektakuläre Bahnreise am Canyon.
Ort: Arizona/Mexiko
Termine: 22.–14. 4., 31. 5.–23. 6., 27. 9.–20. 10. 1997; 4500 Mark
Info: Hauser Exkursionen

Ausdauernde Marschierer belohnt das einst verbotene Königreich Mustang mit landschaftlicher Schönheit, ursprünglichen Lebensformen und Einblicken in beeindruckende Klöster. Dreiwöchige Tour, davon zwei Wochen Rundwanderung in dem isolierten Himalaya-Hochtal.
Ort: Nepal
Termin: 14. 3.–4. 4.; 5490 Mark
Info: Ikarus Tours
Dreiwöchige Trekkingtouren in Mustang organisieren auch: Indoculture und Yeti-Tours.

Die geheimnisvolle Osterinsel Rapa Nui wird in fünf Tagen erwandert. Weitere Höhepunkte der 19-Tage-Reise in den Südpazifik: Vulkane und alte Kultstätten, Lagunen-Baden auf Bora Bora. Übernachtung in Zelten und in Hotels.
Ort: Osterinsel/ Französisch-Polynesien
Info: Hauser Exkursionen
Termine: 7.–25. 5., 10.–28. 9. 1997, ca. 9500 Mark.

Naturerlebnisse in den Nationalparks stehen im Mittelpunkt: Savannen und Sümpfe, Wüsten und Regenwälder sind abwechslungsreiches Umfeld von Tageswanderungen und Tierbeobachtungen. Nächte in Wildniscamps.
Ort: Australien
Termine: 20. 9., 3. 4., 1. 5., 1. 8. und 29. 8. je 29 Tage; 6540 Mark
Info: Wigwam-Tours
Wander- und Wildnisreisen in Australien und Neuseeland auch bei: Australian Tourconsult und bei GeBeCo Reisen

Annapurna und Dhaulagiri sind die Kulisse einer gemäßigten Wanderung, die gleichwohl Kondition erfordert. Durch einsame Rhododendron- und Steineichenwälder, dann wieder belebte Orte und Handelswege. Rundtour ohne Extreme (bis knapp unter die 3000-Meter-Grenze), Übernachtung in einfachen Lodges.
Ort: Nepal
Termine: je 17 Tage ab dem 5. und 12.12., 2., 9., 16., 23., und 30.1., 6. und 13. 2.; ab 1980 Mark
Info: DAV Summit Club
Ein ausführliches Programm mit Trekkingtouren im Himalaya (vor allem Bhutan) bietet auch Peter Schneider.

Durch Bergwälder, vorbei an alten Dörfern und Einsiedeleien entdecken Wanderer die ursprünglichen Seiten des Balearen-Eilands. Nächte in idyllischen Fincas und Klöstern.
Ort: Mallorca
Termine: 13.–20. und 20.–27. 10., 27. 10.–3. 11.; 1585 Mark
Info: Wikinger Reisen

WILDLIFE

Wildhüter des College of African Wildlife sorgen für Sicherheit auf einer Fußsafari durch unerschlossene Gebiete. Pirschtouren in den Regenwald des Mount Meru, in den tierreichen Arusha-Nationalpark und zu einsamen Meru-Dörfern im Busch. Nächte im Zeltcamp mit Blick auf den Kilimandscharo.
Ort: Tansania
Termine: 11.–27. 1., 7.–23. 3., 2.–18. 5., 1.–17. 8., 5.–21. 9., 3.–19. 10., 7.–23. 11., 12.–28. 12.; ab 3267 Mark.
Info: Naturprogramme Wimmer

Gegensätzlichste Eindrücke machen den Reiz einer naturnahen Reise in die südafrikanische Tierwelt aus. Von der vogelreichen Langebaan-Lagune am Atlantik geht es über weite Ebenen der Halbwüste Karoo zu den Kalahari-Dünen. Ausführliche Infos zu den beobachteten Tieren. Nächte in Gästehäusern und Camps.
Ort: Südafrika
Termine: 7.–19. 10., 9.–21. 12.; 6690 Mark
Info: Yeti-Tours

Nach aufregender Pirsch durch den Urwald nähert sich die Safari-Gruppe vorsichtig den Berggorillas. Büffel, Antilopen und Zebras, aber auch Flußpferde und Krokodile spürt der Trupp später im Lake Mburo National Park auf.
Ort: Uganda/Zaïre
Termin: 1.–8. 1.; 3390 Mark
Info: Globetrotter Reisen
Safaris nach Uganda mit Pirsch zu den Berggorillas auch bei: Duma

Walbeobachtungen, Touren zu den Seelöwen- und Kormoran-Inseln Feuerlands, zu Pinguinen und See-Elefanten sind einige der Höhepunkte dieser 19tägigen Aktiv-Reise. Außerdem: Bootsfahrten, Tageswanderungen und Exkursionen zu Gletschern in Südpatagonien.
Ort: Argentinien
Termin: 8.–26. 11.; ab 4730 Mark
Info: DNV-Touristik
Naturkundliche Studienreisen nach Argentinien auch bei: Sterna Naturreisen

Die Tier- und Pflanzenwelt der Galápagos ist auf einer dreiwöchigen Tour mit kleinen Yachten und vielen Wanderungen an Land gut zu beobachten. Begleiter ist ein Biologe, der alles über Landleguane, Riesenschildkröten, Seelöwen, Robben und zahllose Vogelarten weiß. Nächte an Bord und in Hotels.
Ort: Galápagos
Termine: je drei Wochen ab 8. 2., 24. 3., 17. 5., 12. 7., 25. 10., 22. 12.; ab 8880 Mark
Info: Windrose

Exotische Pflanzen und den Reichtum an Vögeln, Schmetterlingen und Fischen auf und um Trinidad und Tobago erkunden die Teilnehmer einer eher erholsamen, naturkundlichen Reise unter fachlicher Anleitung. Die Vielfalt der Inseln wird per Bus, Boot, zu Fuß, schwimmend und schnorchelnd entdeckt. Nächte in Hotels und Gasthäusern.
Ort: Karibik
Termine: 20. 12. 1996–5. 1. 1997, 21. 3.–6. 4.; ab 5900 Mark
Info: Natur-Studienreisen

WINTERWANDERUNGEN

Die Satahäme-Skitour führt erfahrene Langläufer sieben Tage in südfinnische Wälder, auf dem Kutunen-Bärenpfad, vorbei an zugefrorenen Seen und durch zwei Nationalparks. Nächte in Bauernhöfen, Hotels und Waldhütten.
Ort: Finnland
Termine: 10., 17. und 24. 2.; ab 1877 Mark
Info: Skandinavien-Reisen
Winterwanderungen in Lappland organisiert: Yeti Reisen.

Mit Schneeschuhen und Huskies rund um den Dachstein wandern. Zwischendurch Iglu-Bauen für eine Nacht im Eis. Sonst wird in der Berghütte am Fuß des Hallstätter Gletschers geschlafen.
Ort: Österreich
Termine: ab Dez.; eine Woche 930 Mark
Info: DAV Summit Club

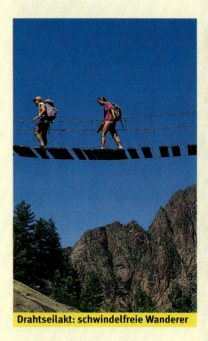
Drahtseilakt: schwindelfreie Wanderer

ZIGEUNERWAGEN-TREK

Mit einem Zigeunerwagen durch abgelegene Landschaften zuckeln, immer in der Natur und mit viel Kontakt zu Einheimischen. Von Wicklow, Galway oder Laois aus. In den Wagen passen vier Personen, zusätzlich können Reitpferde gemietet werden.
Ort: Irland
Termine: Ende März bis Ende Oktober; eine Woche ab 765 Mark (ohne Flug)
Info: Wolters Reisen

Preise: Wenn nicht anders erwähnt, jeweils inklusive Anreise

Julica Jungehülsing

Veranstalter im Überblick

Neue Perspektiven: Start zum House-Running

Abenteuer & Exotic
Osterstraße 80,
20259 Hamburg,
Tel. 040-40 44 55,
Fax 40 08 63

Action & Funtours
Paul-Hey-Straße 16,
82131 Gauting,
Tel. 089-850 59 04,
Fax 850 94 06

Adventure Holidays
Postfach 92 01 13,
90266 Nürnberg,
Tel. 0911-979 95 55,
Fax 979 95 88

Adventure Tours
Alte Bahnhofstraße 174,
44892 Bochum,
Tel. 0234-29 11 30,
Fax 29 11 07

Adventure World
Postfach 126,
84156 Frontenhausen,
Tel. 08732-22 62,
Fax 22 35

Air Aqua Reisen
Rüttenscheider Str. 14,
45128 Essen,
Tel. 0201-79 00 79,
Fax 78 07 50

Alpin Sports
Markt 180,
A-5441 Abtenau,
Tel. 0043-62 43-30 88,
Fax 32 44

Alps MTBTours
Tengstraße 1,
80798 München,
Tel. 089-542 78 80,
Fax 54 29 01 18

American Ranch Holidays
Landgrabenstraße 118,
90459 Nürnberg,
Tel. 0911-44 99 81,
Fax 43 81 15

Amical Alpin
Bühler Seite 83,
77815 Bühl-Altschweier,
Tel. 07223-2 77 79,
Fax 2 79 26

Arktis Reisen Schehle
Bahnhofstraße 13,
87435 Kempten,
Tel. 0831-521 59 26,
Fax 521 59 53

Australian Tourconsult
Germaniastraße 10,
80802 München,
Tel. 089-38 15 85 10,
Fax 38 15 85 33

Biber-Tours
Friedensallee 110,
22763 Hamburg,
Tel. 040-880 80 44,
Fax 880 41 55,
Tel./Fax 0161-530 75 50

CA Ferntouristik/ Frosch Touristik
Nymphenburger Straße 1,
80335 München,
Tel. 089-545 50 10,
Fax 545 50 19

Canusa Touristik
Uhlenhorster Weg 21,
22085 Hamburg,
Tel. 040-227 25 30,
Fax 22 72 53 53

Club Montée/ Sun & Fun
Franz-Joseph-Str. 43,
80801 München,
Tel. 089-38 01 41 23,
Fax 38 01 41 27

Comtour
Ruhrstraße 40,
45219 Essen-Kettwig,
Tel. 02054-9 54 70,
Fax 95 47 11

CRD International
Rathausplatz 2,
22926 Ahrensburg,
Tel. 04102-5 11 67,
Fax 3 17 13

DAV Summit Club
Bergsteigerschule des Alpen Vereins,
Am Perlacher Forst 186,
81545 München,
Tel. 089-651 07 20,
Fax 65 10 72 72

Deutsches Jugendherbergswerk
Postfach 14 55,
32704 Detmold,
Tel. 05231-74 01 17,
Fax 74 01 74

DNV-Touristik
Max-Planck-Straße 10,
70806 Kornwestheim,
Tel. 07154-13 18 30,
Fax 13 18 33

Duma-Reisen
Neckarstaden 4,
69117 Heidelberg,
Tel. 06221-16 30 21,
Fax 16 68 80

Elch Adventure Tours
Baselitz Nr. 9,
01561 Kmehlen,
Tel./Fax 035249-7 15 35

Faszinatour Abenteuerreisen
Alleestraße 1,
87509 Immenstadt,
08323-40 45, Fax 5 12 71

Frosch Sportreisen
Rudolf-von-Langen-Straße 2,
48147 Münster,
Tel. 0251-927 88 10,
Fax 927 88 50

GeBeCo Reisen
Holzkoppelweg 19 a,
24118 Kiel,
Tel. 0431-54 65 70,
Fax 5 46 57 57

Geo-Tours
Wüsten-Expeditionen
Schopstraße 17,
20255 Hamburg,
Tel. 040-491 98 32,
Fax 490 32 27

Global Rafting Sports
Jahnufer 50,
89231 Neu-Ulm,
Tel. 0731-8 48 35,
Fax 8 22 54

Globetrotter München
Münchner Straße 127a,
82008 Unterhaching,
Tel. 089-611 62 62,
Fax 611 62 12

Hauser Exkursionen International,
Marienstraße 17,
80331 München,
Tel. 089-235 00 60,
Fax 291 37 14

Ikarus Tours
Postfach 12 20,
61452 Königstein
Tel. 06174-2 90 20,
Fax 2 29 52

Indoculture Tours
Bismarckplatz 1,
70197 Stuttgart,
Tel. 0711-61 70 57-58,
Fax 62 87 27

Inter Air Voss-Reisen
Postfach 73 03 44,
60505 Frankfurt,
Tel. 069-96 76 70,
Fax 96 76 72 54

Island Tours
Raboisen 5,
20095 Hamburg,
Tel. 040-33 66 57,
Fax 32 42 14

Kreaktiv Segeln
Schulzengasse 1,
72800 Eningen u. A.
Tel. 07121-88 03 27,
Fax 88 03 28

Lernidee Reisen
Dudenstraße 78,
10965 Berlin,
Tel. 030-786 50 56
Fax 786 55 96

Lundi Tours
Raboisen 5,
20095 Hamburg,
Tel. 040-32 19 28,
Fax 32 19 37

Minitrek-Expeditionen
Burkhard Schild,
Bergstraße 153,
69121 Heidelberg,
Tel. 06221-40 14 43,
Fax 40 26 88

Mondo Tours
Spenglerstraße 17,
90443 Nürnberg,
Tel. 0911-26 84 39,
Fax 2 87 62 27

Moritz Egetmeyer
Postfach 12 51,
79196 Kirchzarten,
Tel./Fax 07661-63 62

Natours-Reisen
Untere Eschstraße 15,
49177 Ostercappeln,
Tel. 05473-82 11,
Fax 82 19

Naturprogramme Wimmer
Am Fresenberg 36,
52249 Eschweiler,
Tel./Fax 02403-1 59 73

Natur-Studienreisen
Untere Dorfstraße 12,
37154 Northeim,
Tel. 05551-9 94 70,
Fax 99 47 99

Oase Reisen
Bertoldstraße 29,
79089 Freiburg,
Tel. 0761-28 00 56,
Fax 28 00 22

Outdoor Connection
Krefelder Straße 19,
10555 Berlin,
Tel. 030-39 90 26 83,
Fax 39 90 26 85

Out Door Erlebnisreisen
Heerstraße 9,
77743 Neuried-Ichenheim,
Tel. 07807-3 00 34,
Fax 3 01 34

Outdoor Travel
Hauptstraße 76,
67098 Bad Dürkheim,
Tel. 06322-6 64 71,
Fax 12 25

Pegasus Reiterreisen
Grenzacherstrasse 34,
CH-4058 Basel,
Tel. 0041-61-693 04 85,
Fax 691 20 93

Pioneer Erlebnisreisen
Steubenstraße 7,
72379 Hechingen,
Tel. 07471-69 62,
Fax 1 35 53

Reiseagentur M. Bär
Lersnerstraße 14,
60322 Frankfurt a. M.,
Tel. 069-55 32 70,
Fax 597 25 60

Peter Schneider
Sagarmatha Trekking
Kennedyallee 6,
55770 Baumholder,
Tel. 06783-21 11,
Fax 24 01

Schöner Tauchen
Herrengraben 27,
20459 Hamburg,
Tel. 040-3 74 34 88,
Fax 374 34 90

Schulz Aktiv Reisen
Görlitzer Straße 21,
01099 Dresden,
Tel. 0351-801 17 84,
Fax 802 66 14

Scouting
Am Taubergrund 33,
97980 Bad Mergentheim-Edelfingen,
Tel. 07931-82 06,
Fax 71 44

Serac Joe Bike Touren
Achim Zahn
Hochplattenstraße 5,
83224 Grassau,
Tel./Fax 08641-36 36

Skandinavien Reisen
Sedanstraße 10,
79098 Freiburg,
Tel. 0761-2 27 00,
Fax 3 01 20

Sol e Vida,
Rugendasstraße 7,
81479 München,
Tel 089-791 70 31,
Fax 79 83 56

Sport-Scheck
Sendlinger Straße 6,
80331 München,
Tel. 089-21 66 15 00,
Fax 260 77 18

Sterna Naturreisen
Mauernstr. 32,
29221 Celle,
Tel. 05141-2 62 42,
Fax 2 62 71

Studiosus
Postfach 20 19 42,
80019 München,
Tel. 089-50 06 00,
Fax 5 02 15 41

Sun Team
Heinrich-Hertz-Straße 75,
22085 Hamburg,
Tel. 040-227 86 66,
Fax 227 62 56

Sun Tours
Expeditionen & Reisen,
S. und R. Jarosch,
Dorfstraße 14,
35428 Langgöns,
Tel. 06447-9 21 03,
Fax 9 21 04

Swan Charter
Georg-Gröning-Straße 22
28209 Bremen,
Tel. 0421-3 46 96 50,
Fax 3 46 90 32

Take Off Reisen & Tours
Eppendorfer Weg 158,
20253 Hamburg,
Tel. 040-422 22 88,
Fax. 4 22 22 09

Tauchreisen Roscher
Aachener Straße 695a,
50226 Frechen,
Tel./Fax 02234-69 11 98

Trails Natur- und Erlebnisreisen
Bahnhofstraße 47,
87435 Kempten,
Tel. 0831-1 53 59,
Fax 1 28 54

TTH Trekking Tours Hoffmann
Wolferskamp 27,
22559 Hamburg,
Tel. 040-81 18 63,
Fax 81 24 70

Velo Travel
Herrenstraße 42,
76133 Karlsruhe,
Tel. 0721-2 52 44,
Fax 2 13 74

Wigwam-Tours
Kurzberg 16a,
87448 Waltenhofen,
Tel. 08379-78 97,
Fax 71 05

Wikinger Reisen
Kölner Straße 20,
58135 Hagen,
Tel. 02331-90 46,
Fax. 90 47 04

Windrose
Postfach 11 03 49,
10833 Berlin,
Tel. 030-201 72 10,
Fax 20 17 21 17

Wings
A-4582 Spital/ Pyhrn 471,
Tel. 0043-7562-77 67,
Fax 77 98

Wolters Reisen
Postfach 11 51,
28801 Stuhr/Bremen,
Tel. 0421-8 99 90,
Fax 80 14 47

Yeti Reisen
Bruno Peters
Postfach 41 09 29,
50869 Köln
Tel. 0221-4 30 27 27,
Fax 4 30 27 99

Yeti-Tours
Trollinger Straße 12a,
70329 Stuttgart,
Tel. 0711-328 01 13,
Fax 328 02 12

Zwerger & Raab
Freiburger Straße 31,
79856 Hinterzarten,
Tel. 07652-54 94,
Fax 54 04

RATGEBER *Abenteuer-Reisen*

Firnfahrer: Mountainbiking im ewigen Eis

Abenteuerliche Reiseveranstalter

Worauf muß man beim Buchen achten? Manfred Häupl, Sprecher des Arbeitskreises für Expeditions- und Trekkingtourismus (ATE) und Geschäftsführer von Hauser Exkursionen, gibt Auskunft.

Woran erkennt man im voraus einen seriösen Abenteuer-Reiseveranstalter?
Grundsätzlich ist das schwer von außen zu beurteilen, da sich jeder Veranstalter attraktiv darstellen kann und es bei uns kein Lizensierungsverfahren gibt. Aber Sie können die Ausschreibung im Katalog genau unter die Lupe nehmen: Klingt das Angebot glaubwürdig? Werden auch Risiken und Gefahren erwähnt? Gibt es eine detaillierte Leistungsbeschreibung oder nur Pauschalbegriffe? Achten Sie auch auf die Erfahrungen und den Ruf des Reiseveranstalters; darüber finden Sie einiges heraus, wenn Sie die Einleitung und die Philosophie-Seiten im Katalog lesen. Dort sollte auch stehen, wie lange der Anbieter schon auf dem Markt ist. Gut ist natürlich ein ATE-Logo im Katalog: Alle ATE-Mitglieder verpflichten sich zu Umweltschutzmaßnahmen und zu Qualitätssicherung.

Auf welche rechtlichen Aspekte sollte man achten?
Der Kunde kann sich erkundigen, ob der Reiseveranstalter eine Insolvenzversicherung (Kundengeld-Absicherung) hat. Fragen Sie dies im Zweifelsfall beim Reisebüro nach. Gerade bei Reisen mit Abenteuercharakter ist natürlich wichtig zu wissen, welche Leistungen für den Ernstfall geboten werden. Wurde zum Beispiel eine Krankenversicherung für den Kunden abgeschlossen? Übernimmt der Veranstalter die Kosten für einen eventuellen Rücktransport, für Suchtrupps oder die Bergung, etwa wenn eine Gruppe im Gebirge eingeschlossen ist? Diese Versicherungen können im Reisepreis eingeschlossen sein. Wenn sie nicht inklusive sind, fallen schnell 250 Mark extra an.

Worauf sollte ein Veranstalter bereits im Katalog hinweisen?
Die Schwierigkeitsstufe der Reise insgesamt sollte beschrieben sein, aber auch Hinweise auf körperliche Anforderungen und klimatische Belastungen dürfen nicht fehlen. Je nach Reiseziel sollten auch Gefahren wie Höhenkrankheiten oder Malaria erwähnt sein. Auf jeden Fall müssen Impf- und Visavorschriften genannt werden.

Gibt es Programme, Angebote oder Versprechen, die Sie von vornherein stutzig machen würden?
Die Verwendung von einseitigen Superlativen oder auch Reisen über offiziell gesperrte Grenzübergänge haben meistens einen Pferdefuß. Fragen Sie, ob es wirklich alle behördlichen Genehmigungen gibt. Auch supergünstige Preise sollten Sie skeptisch machen – fraglich ist, an welcher Stelle gespart wird.

Stichwort Selbstüberschätzung: Manchmal geht auch der Reisende unnötige Risiken ein. Wie finde ich heraus, welches Abenteuer ich mir zumuten kann, welcher »Abenteuertyp« ich selbst bin?
Am besten wählen Sie zuerst eine Tour aus, die Sie auf dem Papier eher unterfordert. Denn psychische Belastungen wie Zeit- und Klimaumstellung, ungewohntes Essen und fehlende Hygiene kommen ja meist noch hinzu. Ist diese persönliche »Standortbestimmung« einmal geglückt, können Sie bei der nächsten Tour ein paar Stufen überspringen oder sich langsam steigern. Im Zweifelsfall sollte man den direkten Rat des Veranstalters einholen, den Kontakt vermittelt auch das Reisebüro.

Haben viele Reisende auf Abenteuertouren nicht ein widersprüchliches Anspruchsdenken: Einerseits soll etwas Aufregendes passieren, andererseits soll alles zugleich topsicher sein?
Abenteuer ist per Definition eine Unternehmung mit ungewissem Ausgang – was mit deutschem Reiserecht nicht vereinbar ist. Ich empfehle daher, professionell geplante Reisen mit guter Betreuung und einer erfahrenen Agentur vor Ort zu buchen. Unwägbarkeiten wie Wetterumschwünge, Straßenverhältnisse und Pannen kommen von selbst noch dazu und bereiten genug Abenteuer. Besser ist es, das Abenteuer in sich selbst zu suchen, sich auf ein Wagnis mit sich und seinen persönlichen Grenzen einzulassen: Das kann bei dem einen die erste Zeltnacht seines Lebens, bei einem anderen die Besteigung eines Fünftausenders sein.

Interview: Julica Jungehülsing

Risiken und Nebenwirkungen

Lieber am Bungee-Seil als in der Hängematte baumeln? Wir sprachen mit Sportmediziner Dr. Thomas Wessinghage über die Gefahren und wie man ihnen vorbeugen kann.

Auch wenn viele Reiseveranstalter das Gegenteil behaupten: Wer einen Schreibtischjob und wenig Bewegung hat, ist nicht für Weißwasser-Rafting oder mehrtägige Trekking-Touren im Hochgebirge gerüstet.

Die Berichte über Todesfälle beim Extrem-Trekking im Himalaya häufen sich. Im Mai dieses Jahres kamen erneut acht Menschen bei der Besteigung des Mount Everest in einem Schneesturm um. Doch auch wer sich nicht auf so spektakuläre Touren einläßt, geht ein Gesundheitsrisiko ein.

Eine Statistik aus dem Sommer 1994, die 5918 Bergwanderunfälle auswertet, läßt konkrete Rückschlüsse auf die häufigsten Unfallursachen im Urlaub zu. Dabei wurden nur die Unfälle aufgelistet, bei denen die Verletzten vor Ort ärztlich versorgt wurden, die Dunkelziffer derer, die später von ihrem Hausarzt behandelt wurden, ist sehr viel höher. Diese Bilanz von Bergrettungsdiensten aus Bulgarien, Deutschland, Österreich, Polen, der Schweiz, der Slowakei, Slowenien, Tschechien und Südtirol brachte ein erschreckendes Ergebnis: Neun von zehn Unfällen passierten während der ersten drei Ferientage, weil sich die meisten Urlauber ohne jegliche konditionelle Vorbereitung und Gewöhnung an alpine Höhen von über 1500 Metern herangewagt hatten und davon überfordert waren. Drei von vier Verletzten trugen falsche Schuhe, nur jeder fünfte hatte einen Wetterschutz dabei, und gerade mal acht Prozent konnten Karten lesen oder besaßen Grundkenntnisse in Wetterkunde.

Für GEO SAISON erstellte der Sportmediziner und ärztliche Leiter der »Rehaklinik Saarschleife« Dr. Thomas Wessinghage eine Liste über gesundheitliche Risiken von Extremsport-Urlaub. Der Orthopäde und ehemalige Europameister über 5000 Meter empfiehlt generell für alle Abenteuerreisen abseits ausgetretener Touristenpfade eine gute allgemeine Kondition: Ein paar Monate Vorbereitung mit regelmäßigem Sport, am besten dreimal pro Woche, schützt vor unliebsamen Überraschungen (Jogging: 30–45 Minuten, Kraft- und Beweglichkeitstraining in Gymnastikgruppen oder im Fitneßstudio). Einige exotische Sportarten brauchen zusätzlich eine spezielle Vorbereitung.

Die folgende Tabelle darf jedoch keineswegs als Freibrief verstanden werden – wer keine Höhenangst hat, ist deshalb noch lange nicht automatisch für das Snowboard geeignet.

Andreas Brannasch

	Ausschluß	Voraussetzungen
Bungee-Jumping	Höhenangst, Kreislaufprobleme, hoher Blutdruck	gut trainierte Rumpfmuskulatur (Zug auf Hals- und Lendenwirbelsäule), stabile Gelenke (Zug auf Sprung- und Kniegelenke)
Canyoning (Schluchten-Klettern)	Höhenangst, Nichtschwimmer	gute Kraft (Abseilen) und Ausdauer, Schwimmfähigkeit, stabile Wirbelsäule und Gelenke
Drachenfliegen, Fallschirmspringen, Paragliding	Höhenangst	stabiler Kreislauf (Höheneffekt), gute Belastbarkeit von Wirbelsäule und Gelenken (Knie- und Sprunggelenkbelastung bei der Landung)
Höhlenklettern	Klaustrophobie, Höhenangst	stabile Psyche, gute Grundkondition, stabile Gelenke und Wirbelsäule (Ausrutschen, Kriechen)
Klettern	Höhenangst	Gute Grundkondition (alpine Höhe), gute Armkraft (Abseilen), stabile Hand- und Sprunggelenke, stabile Wirbelsäule
Mountainbiking	– –	gute Ausdauer, im Gebirge: gute Grundkondition (Höheneffekt), gute Geschicklichkeit, gutes Gleichgewicht, gute Belastbarkeit von Wirbelsäule, Schultergürtel und Handgelenken
Rafting	Nichtschwimmer	gute Schwimmfähigkeit, gute Belastbarkeit von Wirbelsäule, Schultergürtel und Handgelenken
Reiten	– –	vorbereitendes Training (Gewöhnung an Sattel und tagelanges Reiten), kräftige Bein-, Hüft- und Rumpfmuskulatur
Ski/Snowboarding	Höhenangst	gute Grundkondition (Skigymnastik), besonders bei Gletscher- und Heli-Skiing (Höheneffekt)
Trekking	– –	gute Grundkondition (tagelange Märsche), stabile Knie- und Sprunggelenke, belastbare Wirbelsäule (Rucksack)

Abwärts: Bungee-Sprung von einer Brücke in Frankreich

Wo die Türken Flagge zeigen: Ein Fischerhafen, zwei Kneipen, ein Fluß und jede Menge Meer – der Strand bei Kumköy ist Insidertreff der Schönen und Reichen, 30 Kilometer östlich von Antalya

Türkische Südküste:
Sagenhaft
von alters her

Einst weilten **Helden** hier in wundersamer Landschaft. Noch heute machen der Zauber alter **Steine** und die Heiterkeit der weiten **Strände** den Aufenthalt unvergeßlich. Folgen Sie uns ins Land und ans **Meer**.

Wo der Oleander üppig und einsam blüht: 2400 Jahre alte Felsengräber im lykischen Pinara, einer der schönsten antiken Stätten, von Reisenden kaum besucht.

Wo Schauspieler einst die Menschen bewegten: Das winzige, aus dem Berg gehauene Theater auf Kekova stammt aus hellenistischen Tagen

Auf der Insel: **theatralisch** bis zum Horizont

Wo die Kreuzfahrer Andenken bauten: Im östlichen Anamur lädt die Burg zum Ritterspiel

Wo das Handwerk noch lebendig ist: ein Amboß, ein Hammer und ein Schmied im alten Anamur

In den Bergen:
Steinig
ist der Weg der Hirten

Wo die Nomaden mit den Herden wandern: Im Taurus-Gebirge wachsen genügsame Zedern neben anspruchslosen Wacholderbüschen auf kargem Boden

Wo die Männer Karten klopfen: Ein typisches *kahve*, das zweite Zuhause eines jeden Türken. Nicht nur in Anamur

Am Bach: Fein läßt es sich hier aushalten

Wo die Forellen ganz prima schmekken: Ein Sonntag in Saklıkent, wie geschaffen zum Faulenzen und Genießen

Wo die Frauen Blätter drehen: Im »Olympos-Restaurant« in Olympos füllen Köchinnen Weintraubenblätter

Wo es einfach alles gibt: Marktszene in Xanthos. Hierher reisen die Bäuerinnen und decken sich mit Hausrat ein

Ein Land mit Gegensätzen: mal rauh, mal lieblich

Es ist manchmal verdammt schwer, ein Held zu sein. Da widersteht der wackere Belleróphontēs sämtlichen Verführungen einer Königsgattin. Und was passiert? Anstatt dankbar zu sein, treibt ihn der Gemahl rachedurstig in »entsetzliche Kämpfe«. Der Sage nach muß der Held die »grausige Chímaira« vernichten, ein Ungeheuer mit dem Schwanz einer Schlange, dem Körper

Wo die letzte Ruhe ins Wasser rutschte: Ein Sarkophag vor Simena zeugt von antiker Vergangenheit

einer Bergziege und dem Kopf eines Löwen. Feuerflammen und Gluthauch sollen ihrem Schlund entfahren. Wer sich ihr nähert, sei seines Todes sicher.

Heute, da verführerische Königsgattinnen rar geworden sind, gilt es, anderen Versuchungen zu widerstehen. Ich zum Beispiel habe mich geweigert, eines der vielen türkischen Bäder an der Südküste des Landes zu betreten, in dem Touristen nicht massiert, sondern lediglich gestreichelt werden.

Und die Strafe? Am Ende meiner Reise, in Istanbul, lauert Omar – ein Ungeheuer, halb Bär, halb Mensch. An der Pforte eines 400 Jahre alten Hamam muß ich ein Zettelchen abgeben. Die Nachricht: Der Eisenharte möge mich wie einen Stammkunden anpacken. Drinnen empfangen mich glutheiße Dämpfe, und eine Pranke schlägt auf meinen Buckel: »Hinlegen.« Mein halbnackter Körper klatscht auf Marmor, salziger Schweiß läuft mir in die Augen. Ich ahne Schlimmes und denke an bessere Zeiten.

An die letzten beiden Wochen. Der türkischen Südküste entlang führte mich mein Weg. Immer auf der Suche nach noch ursprünglich schönen Flecken. Und ich habe sie gefunden: weiße Buchten, die flach in smaragdgrüne Wellen eintauchen, friedlich schlummernde Dörfer, in denen die Gastfreundschaft noch zu Hause ist, wilddramatische Felsengärten, nur von Nomaden und ihren Ziegenherden bewohnt. Wo das alles liegt? Zum großen Teil im alten Lykien, westlich von Antalya. In dieser rauhen Bergwelt mit fast 3500 Jahren Kultur im Kreuz. Starke, selbstbewußte Menschen wohnten hier schon immer. Erst wohl in matriarchalischer Ordnung, später dann in beispielhafter Demokratie.

Eine Lust, die Zeugen jener Zeiten zu besuchen. Pinara etwa, vielleicht die schönste aller alten Stätten. Hinauf in die mystische Wunderwelt, ins Reich der Stille, das soviel Sagenhaftes zu erzählen weiß. Vorbei am Wärter, der zusammengerollt in seinem Häuschen schläft. Über den Fels zur Quelle im Schatten der Platanen. Den Berg hoch zu quaderdicken Mauern und Felsengräbern aus lykischen Jahren. Dazwischen himmelhohe Säulen aus hellenistischer Epoche. Dann die Tempel und die Thermen, von Römern für Jahrtausende erbaut, zwischen wildem Oregano friedlich schlummernd. »Der schönste Picknickplatz der Welt«, schreibe ich unterm Johannisbrotbaum – oben, letzte Reihe im griechischen Theater, mit Blick zur 450 Meter hohen Felsenwand. Die wächst hinter den Ruinen in den blauen Himmel, rot ist sie und mit Gräbern wabengleich durchsetzt. Ein Bild ruhevoller Einsamkeit.

Wo die süßen Früchte wachsen: Eine Bergbäuerin bietet bei Anamur Erdbeeren feil

Forscher berichteten in den 50er Jahren über das kaum bereiste Lykien: »Das Land ist völlig abgeschieden. Niemand macht sich die Mühe, seine Erzeugnisse auf dem nächsten Markt anzubieten, da Hin- und Rückweg mit dem Esel zwei Tage dauern. Auf die Frage: Was tun Sie im Winter? kommt die Antwort: Wir sitzen da.«

Vieles hat sich seither verändert, doch manches erinnert noch an einst. Etwa das Stückchen Küstenland ums antike Patara, 20 Kilometer südlich von Pinara. »Wer hierher kommt, traut erst mal seinen Augen nicht.« Cezmi wippt auf einem morschen Hocker und guckt zum Bürgermeister. Der sonnt seine Goldzähne.

Wo die Bäume in den Himmel wachsen: die wettergegerbten Riesen im Taurus-Gebirge

Und faltet dann die Stirn: »Seit dem Baustopp vor sieben Jahren ist die Zeit stehengeblieben. Nichts darf hier mehr angerührt werden. Uns fehlen Parkplätze, Pools, und große Hotels haben wir auch nicht. Das ist, wie wenn Sie ein Auto mit zwei Reifen fahren müssen.«

Cezmi hat blaue Augen, ist mit einer Deutschen verheiratet und lebt vom Tourismus. Er betreibt in Patara eine kleine Pension und ein Restaurant. Wir sitzen auf der Terrasse, ein neuer Koch macht in der Küche frische Morcheln und wilden Spargel fein. Die Luft ist lau, und in der gezimmerten Bar von nebenan krächzt Janis Joplin von der Platte. »Gott sei Dank darf hier nichts mehr gebaut werden«, sagt Cezmi dann, ganz anderer Meinung als der Bürgermeister, »nur so behält Patara seinen Reiz.« 2000 neue Apartmenthäuser waren geplant, jede Menge Hotels sollten dazukommen. Aber Pustekuchen.

Die Moschee blieb im Dorf, und die 600 Einwohner blieben Bauern. Zwei, drei Kühe haben die meisten, etwas Land, einen Esel und ein paar Hühner. Unter Eukalyptusbäumen versteckt warten kleine Pensionen auf Rucksacktouristen. Oben am Berg steht das größte Hotel mit 130 Zimmern, Schwimmbad und Minigolfanlage. Was gibt es noch? Einen Polizeiposten, eine Post und einen Supermarkt mit Fernseher. Drei, vier Bars und ein *kavhe*, in dem die Alten Karten klopfen.

Zwischen Dorf und Strand liegt im Dünenbett das antike Patara, einst Metropolis im alten Lykien. Eine der wichtigsten Städte mit dem bedeutendsten Hafen und einem Orakel, das Delphi Konkurrenz machte. Wir stolpern durch Ruinen, alle längst entdeckt und doch verborgen. Hier die Basilika aus christlicher Zeit, dort das Theater und die römischen Thermen. Durch den Torbau zu den Sarkophagen. Dieser Weg ist

Wo der Mensch sich feinmachen kann: Strand in Olympos

das Ziel. Wenn dahinter nicht das Meer warten würde.

Das Meer mit dem Schildkrötenstrand: fast zwölf Kilometer feinster Sand, bis zu 400 Meter breit. Gigantische Dünen, uralte Pinien. Hier der glutroten Sonne zuzugucken, wie sie hinter die Berge von Rhodos sinkt, das gehört schon in jene Kitschkategorie, die selbst abgebrühte Gartenzwerge zum Schluchzen rührt.

Am nächsten Morgen dann der Abschied. Weiter nach Olympos, dorthin, wo einst die flammenspeiende Chímaira zu Hause war. Cezmi besteht noch auf einem Besuch beim örtlichen *kuaför*. An den Wänden

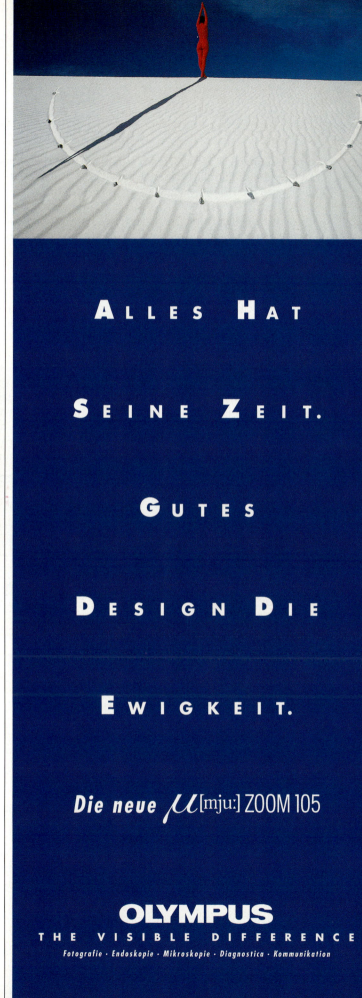

Ob Mittag oder Abend: Es ist immer
heiß

Wo die Flammen aus dem Felsen schlagen: die Heiligen Feuer der Chímaira

des Friseurladens kleben Tapeten mit Palmen drauf, und im Fernsehen rennt eine junge Frau schreiend um ihr Leben.

Hatte sie eine ähnliche Erfahrung hinter sich, wie sie mir noch bevorstand? Mein Friseur greift zu seiner spitzigsten Schere, führt sie zentimetertief in meine Nase und schneidet die Höhlung hoch. Er nimmt ein Feuerzeug und fackelt Ohrflaum ab. Dann schäumt er meine Backen ein und rasiert – unter Protest! – den 20jährigen Bart. Der Besuch schließt mit einer Nackenmassage und einem Faustschlag auf meinen Kopf. Im Spiegel schaut mich ein Gesicht an, so nackt, so glatt und so gar nicht mehr vertraut. Es ist zum Heulen. Ich fühle mich verloren.

Auch der Held Bellerόphontēs hatte nicht die Spur einer Chance gegen das

Wo die Dünen wandern: In Patara lockt feinster Sandstrand

feuerspeiende Ungeheuer – wenn ihm nicht die Götter geholfen hätten, lese ich in der Dämmerung. Die Heiligen erbarmten sich und schickten dem schönen Jüngling das unsterbliche Flügelroß Pegasos. Mit ihm und einer ehernen Rüstung bezwang er die Chímaira. Oder doch nicht? Hier in Olympos jedenfalls lodern die Flammen aus den Felsspalten wie vor Zigtausenden von Jahren. Gespeist von ganz normalem Erdgas, wie man heute weiß.

Nicht nur Patara, auch Olympos liegt am Traumstrand. Ebenfalls mit Altertum im Überfluß. Auch hier finden sich kleine, wunderschöne Hotels. Neben Orangen- und Zitronenplantagen und traditionellem bäuerlichen Leben. Wer jemals in dieser Gegend gewesen ist, glaubt nicht, daß weiter östlich noch Gleichwertiges folgt. Und täuscht sich. Aber gewaltig.

Mehmet bricht am Tisch Schädelknochen entzwei, nimmt einen Zahnstocher und spießt ein perlengroßes Hirn auf: »Da sitzt die ganze Kraft der Fische drin.« Mehmet leitet eine Reiseagentur und versteht viel vom Essen. Wir hatten uns morgens in Antalya getroffen und waren über den Markt gegangen. Vorbei an alten Weiblein, die an diesem Freitag von ihren Taurus-Dörfern herabgekommen waren. Vor ihnen lagen frisch geschälte Bohnenkerne, Weintraubenblätter, Mispeln, Thymianöl gegen Erkältungen. Daneben in Ziegenleder gereifter Käse, frischer Knoblauch – und Artischocken. Und Mehmet sagte: »40 kurzgegarte Artischocken auf einmal genossen, das entgiftet jede noch so kranke Leber.« Jetzt sitzen wir in Kumköy in einer Bretterbude, 30 Kilometer östlich von Antalya. Raki und kühles Bier kommt. Dann wunderbar frischer Tomaten-Gurken-Zwiebelsalat, angemacht mit Zitronensaft und dem Olivenöl vom Nachbarhof. Der Wirt – kurz Nomade genannt – serviert persönlich: vier frisch gefangene Doraden (inklusive Hirn) mit handgeschnitzten Pommes. Über uns scheint die Sonne. Wir gucken raus aufs Meer, und der Blick verschwimmt am Horizont. Es wird ruhiger und ruhiger, nur noch die Seele schaukelt sanft im Wind.

Die Rechnung macht dann zusammen 30 Mark. Wir fahren über Land. Vorbei an Bäuerinnen, die die Kuh am Bändel führen. Und Mehmet sagt: »Das Land hat zwei Probleme. Zum einen die Wirtschaft. Die Inflation treibt die Armen zu den Fundamentalisten. Zum anderen die PKK und ihre Terrordrohungen. Wenn die Touristen ausbleiben, dann trifft das die Kleinen. Den Koch, der am Strand die Fische brät, und den Pensionsbesitzer, der ein paar Betten hat.« Mehmet weiß von früheren Anschlägen: »Es sind die Individualisten, die wegbleiben. Die Masse kommt weiterhin. Da fahren die großen Hotelketten ihre Preise nach unten, schon brummt der Laden wieder.«

Achtung: Auf unserem Weg nach Osten durchqueren wir ein solches Massenlager, wo Riesenhotels und Apartmentanlagen vor dem Strand Schlange stehen. Das Örtchen Side, vor zehn Jahren noch ein Fischerdorf mit Altertum-Anschluß, ist heute das Torremolinos der Türkei. Dahinter dann Alanya, auch »Klein-Deutschland« genannt. Zweimal 20 Kilometer Teutonengrill inklusive Eisbein, Wiener Schnitzel und deutschen Kaffees. Dann wird es wieder normal. Und doch nicht.

Motorräder knattern vorbei – der Sohn auf dem Tank, dahinter der Vater, den Schnäuzer im Wind, dann die Tochter. Und hinten im Damensitz tief verschleiert die Mutter. *Merhaba*, wir sind im

Orient. In Anamur, einem aufgeweckten Provinzstädtchen 130 Kilometer östlich von Alanya, mit Handwerker-Basar und mächtiger Kreuzfahrerburg, wartet Kutlay Alan. Kutlay war früher Manager in der Elektronik-Branche in Istanbul. Vor 20 Jahren ist er in seine alte Heimat zurückgekehrt. Hier schreibt er Bücher, macht ab und zu einen Film fürs Fernsehen, nebenbei verkauft er Schmuck. Kutlay will uns »sein Land« zeigen.

Wir fahren nordwärts ins Gebirge. Dorthin, wo die Wolken hängen. Im Tal beginnt die heiße Zeit. Noch zwei, drei Tage, dann machen sich die Nomaden auf, ziehen mit Sack und Pack, mit Dromedaren, Eseln und Ziegen in die kühle, frische Luft. Auf die karstigen Höhen, wo wilde Kräuter in Büscheln wachsen, wo tausendjährige Zedern neben 40 Meter hohen Wacholderriesen stehen. In die dramatischste und zerrissenste aller Felslandschaften, von Deutschland weiter weg als der Mond.

Hier oben hat Kutlay ein Haus. Wir trinken Quellwasser und essen frische Orangen. Kutlay erzählt von den Nachbarn, die vergangene Woche ihre Bienenwaben höher hängten – wegen der Braunbären, die wieder schlecken kamen. Dann gehen wir ins *kahve*. Eine unglaubliche Kneipe. Im Kanonenofen brennt Wacholder, die Wände blau-weiß gestrichen, die Türen grün. Und die Luft nebeldick verraucht. Holzfäller wärmen sich hier oben in der Kälte des späten Frühjahrs, spielen Karten. Der Wirt spendiert einen nach Minze schmeckenden Tee, gekocht aus wilden Waldkräutern, und Kutlay sagt: »Das hier, diese Landschaft und diese Menschen, das ist die Türkei. Rauh und herzlich zugleich.«

Schmerzlich erlebe ich den letzten Reisetag. Im Istanbuler Hamam bei Bärenmann Omar, welcher meine Haut in Fetzen schrubbt, mit kochend Wasser brüht und einseift, bevor er jeden harten Muskelstrang weich wie Butter klopft. Hilflos glitsche ich im Marmorrund, mit Schrecken und mit Schmerzen. Kurz vor der Ohnmacht reißt mir Omar die Finger lang, daß die Knochen krachen. Aber es ist der Schluß.

Als Häuflein Elend kehre ich in die Umkleidekabine zurück. Steige in meine Kleider und sinke im Vorraum auf einen Stuhl. Da eilt der Pförtner des Bades mit einem großen Grapefruitsaft herbei und winkt mit meinem Zettelchen. »Entschuldigung, Efendi, ich habe vergessen auszurichten, daß man Sie als Stammgast behandelt. Omar hat doch nur die sanfte Touristen-Massage angewandt. Aber seien Sie froh, sonst wären Sie jetzt tot.«

Welches Ende nun nahm Bellerophontēs? Der war sein ganzes Leben Held, schnappte dabei aber über, wollte sich gar mit dem Flügelroß Pegasos den Olymp hinaufschwingen. Das grämte die Götter. Und Bellerophontēs stürzte jäh und tief. »Vor den Menschen sich schämend«, so endet die Sage, »irrte er einsam umher, vermied die Pfade der Sterblichen und verzehrte sich in einem ruhmlosen und kummervollen Alter.«

Dann lieber doch kein Held.

Der Bart ist ab. In Patara mußte GEO SAISON-Redakteur **Michael Dietrich** Haare lassen. Der Kuaför bestand darauf. Inzwischen hat sich die Redaktion an das neue Gesicht gewöhnt. Fotograf **Guido Mangold** kennt die Türkei von vielen Besuchen. Mit am meisten fasziniert ihn die rauhe Bergwelt des Taurus. Auch diesmal wieder.

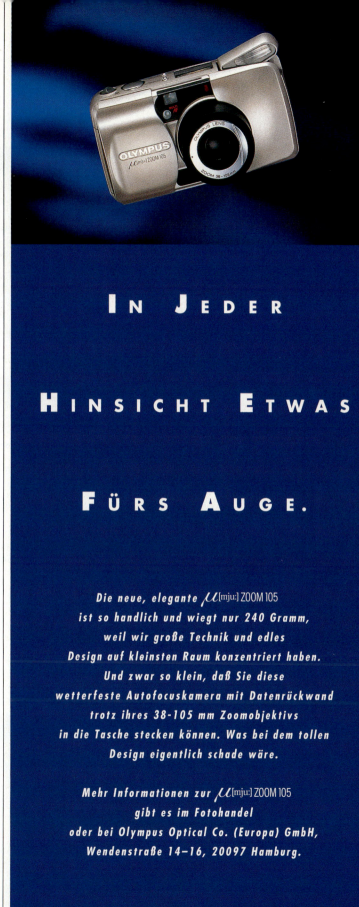

IN JEDER

HINSICHT ETWAS

FÜRS AUGE.

Die neue, elegante µ[mju:] ZOOM 105 ist so handlich und wiegt nur 240 Gramm, weil wir große Technik und edles Design auf kleinsten Raum konzentriert haben. Und zwar so klein, daß Sie diese wetterfeste Autofocuskamera mit Datenrückwand trotz ihres 38-105 mm Zoomobjektivs in die Tasche stecken können. Was bei dem tollen Design eigentlich schade wäre.

Mehr Informationen zur µ[mju:] ZOOM 105 gibt es im Fotohandel oder bei Olympus Optical Co. (Europa) GmbH, Wendenstraße 14–16, 20097 Hamburg.

OLYMPUS
THE VISIBLE DIFFERENCE
Fotografie · Endoskopie · Mikroskopie · Diagnostica · Kommunikation

INFO Türkei

Begleiten Sie uns
vor Ort

Wir haben insgesamt über 4000 Kilometer zurückgelegt. Am besten hat uns die lykische Küste westlich von Antalya gefallen – mit all ihren kleinen Orten, den Hinterlassenschaften vieler Kulturen und ihrer unverbauten Natur. Im Osten waren es die schon sehr orientalisch anmutenden Städtchen Anamur und Silifke. Die Hafenstadt Antalya ist eine Abwechslung für Reisende, die zuvor die bäuerliche Türkei kennengelernt haben. Wir beginnen unsere Erkundungstour im Westen, in Fethiye, und fahren 700 Kilometer Richtung Osten bis Silifke.

Wo die Yachten liegen: Antalyas Hafen – umrahmt von Stadtmauer und Restaurants

FETHIYE

Während der Vor- und Hauptsaison ein nettes Städtchen mit der Bucht von Ölüdeniz, in sämtlichen Hochglanzbroschüren immer prominent, weil wunderschön. Türkis das Wasser, weiß der Strand, darauf weite Pinienschirme und das Bergland im Kreuz – mit all seinen antiken Städten.

HOTELS: Montana Pine Resort, Ovacik Köyü Fethiye, Tel. 252-6166252, Fax 6166451; DZ ab 80 Mark. Das beste Hotel in der Gegend, neun Kilometer außerhalb von Fethiye in den Bergen. Großer Komfort, großer Pool. Zum drei Kilometer entfernten Ölüdeniz-Strand fahren Minibusse.

Letoonia Club, Tatil Köyü, Tel 252-614 49 66, Fax 614 44 22; DZ ab 140 Mark im Bungalow mit HP. Am Meer gelegen. Ebenfalls großer Komfort.

Pelin, Foça Mah. Atatürk Cad. 100, Tel. 252-6132454, Fax 6132792; DZ ab 80 Mark. Etwas einfacher, etwas günstiger, zehn Minuten zum Strand. Mit Swimmingpool.

RESTAURANTS: Meğri, Ordukan A.Ş., Eski Cami Geçidi Likya Sok. 8–9. Fethiye, Tel. 252-6144046, Fax 6120446. Hier feiert der Teppichhändler den Vertragsabschluß. Leckerste Vorspeisen und frischeste Fische.

White Dolphin, Ölüdeniz, 48300 Fethiye, Tel. 252-616 60 36. Edelrestaurant, am Edelstrand.

EXTRA-TOUR: Pinara, lykisch-griechisch-römische Stadt, 25 Kilometer südöstlich von Fethiye. So beeindruckend, so ruhig, so herrlich. Unbedingt: Picknick-Korb mitnehmen!

PATARA

Ein Örtchen an der Küste, wunderbar normal mit Zeugen aus fernen lykischen Tagen, halb im Sand versteckt. Davor: der zwölf Kilometer lange Sandstrand, einer der ursprünglichsten an der türkischen Südküste. Für Leute, die es einfach, aber herzlich wollen.

HOTELS: Beyhan, Patara, Tel. 242-843 50 96/98, Fax 843 50 97; DZ ab 60 Mark. Dreieinhalb Sterne, großer Pool, das einzig größere Hotel am Ort mit entsprechendem Komfort.

Sisyphos, Patara, Tel. 242-843 50 43, Fax 843 51 56; DZ ab 30 Mark. Familiäres Hotel, einfache Zimmer, schöner Pool, deutschsprachige Besitzer.

Dardanos, Patara, Tel. 242-843 51 09, Fax 843 51 10; DZ 35 Mark. Cezmi Belik spricht Deutsch, organisiert Kanutouren, Ausflüge zu den höchsten Gipfeln, antiken Stätten und zum besten Essen. Über ihn können auch die beiden anderen Hotels (zum selben Preis) gebucht werden. Außerdem vermietet Cezmi Leihwagen. Seine Hotelzimmer? Einfach, sauber, mit kleinem Balkon und Blick zum Nachbaresel. Und sein neuer Koch ist eine Wucht.

KAŞ

Hübsch, klein und – während der Nebensaison – ruhig. Man fühlt sich wohl in dieser Stadt mit den geschnitzten Holzbalkonen, dem großen antiken Theater, den lykischen Sarkophagen, den paar Kneipen und dem Bauernmarkt. Gutes Quartier für Ausflüge in die Bergwelt oder nach Patara zum Strand.

HOTELS: Korsan, Kaş, Tel. 242-836 31 45, Fax 836 31 48; DZ ab 65 Mark. Die 20 etwas kleinen Zimmer sind geschmackvoll eingerichtet. Großer und gut sortier-

Wo die Kräuter dampfen: Teatime im Taurus-Gebirge

TELEFON: Vorwahl aus Deutschland 0090.
ZEITUNTERSCHIED: plus eine Stunde.
GELD: In der Türkei herrscht Inflation. Nehmen Sie von zu Hause nur wenig Lira mit. Vor Ort bekommen Sie wesentlich mehr für Ihre Mark.
LEIHWAGEN: Rechnen Sie für einen Mittelklassewagen türkischer Machart etwa 70 Mark – inklusive Versicherungen.
REISEZEIT: Bestens sind die Monate Mai, Juni und September, Oktober mit Temperaturen um die 25/30 Grad. Im Hochsommer brüten zu viele Touristen bei Temperaturen bis zu 45 Grad.
AUSKUNFT: Informationsabteilung des Türkischen Generalkonsulats, Taunusstraße 52–60, 60329 Frankfurt/M., Tel. 069-23 30 81-82, Fax 23 27 51. Und: Karlsplatz 3/1, 80335 München, Tel. 089-59 49 02, Fax 550 41 38.

ter Weinkeller, beste türkische Küche, direkt am Meer, Pool. Die absolute Nummer eins in Kaş.
Nur, Kaş, Tel. 242-836 18 28, Fax 836 13 88; DZ 40 Mark. Die preiswerte Alternative. Am Hafen. Saubere Zimmer. Pool.
EXTRA-TOUR: Die Inselwelt um Kekova liegt absolut prachtvoll in der Landschaft und ist somit ein Muß. Am besten nach Üçağiz in den Winz-Hafen fahren und im Restaurant »Koç« einen Tee oder ein Bier bestellen. Von dort geht es dann mit dem Glasbodenboot weiter ins Reich der versunkenen Stadt Sualti Şehir. Die Rundfahrt dauert eineinhalb Stunden und kostet (pro Boot) 30 Mark.

Saklıkent: kühler Cañon, an dessen Eingang heiße Forellen serviert werden. Zwischen Fethiye und Patara am Fuße des mächtigen Akdağ gelegen.

OLYMPOS
Neben Patara der zweite Geheimtip an der lykischen Küste. Klein, nett, mit bäuerlichem Leben, breitem und pinienbestandenem Strand. Viele antike Stätten und die Feuer der Chímaira.
HOTELS: Olympos Logde, 07980 Çirali, Kemer, P.O. Box 38, Tel. 242-825 71 71, Fax 825 71 73; DZ 140 Mark. Nur acht Bungalow-Zimmer. Sehr exklusiv, direkt am Strand, Restaurant mit türkisch-fran-

zösischer Küche. Die Perle an der Südküste – einzigartig.
Azur, P.O. Box 84, 07980 Çirali, Kemer, Tel. 242-825 70 72-3, Fax 825 70 76; Bungalow mit drei Betten; 70 Mark für zwei Erwachsene, Kinder bis vier frei, zwischen vier und zwölf 21 Mark. Gelungene Anlage mit acht Bungalows. Ruhig. Witziger Weinkeller. Wunderbares Frühstück. Fünf Minuten zum Meer.

ANTALYA
Es ist der Kontrast, der diese Stadt so spannend macht. Keine 20 Kilometer entfernt noch einfaches, bäuerliches Leben: In den Dörfern Bruchsteinhäuser.

Wo wir unterwegs waren: Unsere Reise beginnt im Westen bei Fethiye und führt über Antalya in den Osten nach Anamur und Silifke

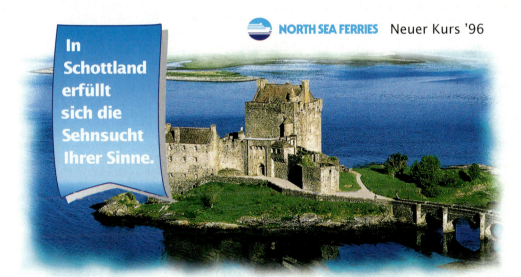

NORTH SEA FERRIES Neuer Kurs '96

In Schottland erfüllt sich die Sehnsucht Ihrer Sinne.

Starten Sie mit unseren Erlebnisschiffen – jetzt bis zu 30% günstiger!

Wir stimmen Sie mit unserer Erlebnisreise bestens auf Ihren Urlaub ein. Genießen Sie eine ausgezeichnete Seereise an Bord unserer komfortablen Schiffe. Und es wird für Sie noch preiswerter als bisher, denn die Basistarife haben wir bis zu 30% gesenkt. Nur mit uns kommen Sie täglich so hoch Richtung Nordengland, Schottland, Wales und Irland.

Weitere Infos in Ihrem Reisebüro oder:
North Sea Ferries, Postfach 1123
3180 AC Rozenburg ZH, Holland
Telefon 0031-181-255555

INFO Türkei

daneben das *kavhe*, wo Männer den Tag verrauchen. Draußen auf den Feldern Frauen, die das Land beackern. Und dann das: mediterranes Flair mit Boutiquen, Restaurants, Diskotheken, sorgsam restaurierten Altbauten – und jungen Frauen, die plötzlich so gar nicht mehr verschleiert durch die Straßen schlendern. Antalya ist einen Tagesausflug wert. Mindestens. Die Stadt hat den großen Hafen, eine intakte Altstadt – mit kleinen Läden, Moscheen und Märkten.
HOTELS: Aspen, Kaleiçi Mermerli Sokak, 16, 07100 Antalya, Tel. 242-247 05 90, Fax 241 33 64; DZ 160 Mark. Mitten in der Altstadt und trotzdem ruhig, geschmackvoll eingerichtet. Schwimmbad. Minus: karges Frühstück.
Tütay Türk Evi Otelleri, Memerli Sok. 2, Kaleiçi, Antalya, Tel. 242-248 65 91, Fax 241 94 19; DZ ab 130 Mark. Drei osmanische Häuser, sehr stimmig renoviert.
Argos, Atatürk Ortaokulu karşisi, Kaleiçi, Antalya, Tel. 242-247 20 12, Fax 241 75 57; DZ ab 120 Mark. Ein bißchen bescheidener, ein bißchen günstiger. Ebenfalls mit Pool.
RESTAURANTS: Club 29, Kaleiçi, an der Marina, Tel. 242-241 62 60. Herrlicher Blick über den Hafen. Bekannt für beste Fischgerichte. Mit angeschlossener Edel-Disco.

Wo Fische nicht frischer sein können: Yörük Hüseyin kocht bei Kumköy östlich von Antaly

Wo der Urlaub zur Erholung wird: Die exklusive »Olympos Logde« in Olympos hat lediglich acht Bungalows. Dazu gesellt sich ein feines Restaurant

Met, Lara Yolu, Tel. 242-321 18 28. Blick über das Meer zur Stadt. Und auf die Salzkruste, in der die frische Dorade an den Tisch kommt.
Alara, Lara Cad. 535, Tel. 349 38 87. Fabelhaft: das gegrillte Lamm.
Parlak, Kazim Özalp Cad. 7, Tel. 242-241 65 53. Hier schlemmt die türkische Familie. Zuerst die reichhaltigen und köstlichen Vorspeisen, hernach überm offenen Feuer gegrillte Hähnchen. Und bezahlt für fünf Personen inklusive Raki 40 Mark.
MUSEUM: Antalya Arkeoloji Müzesi, Konyaalti Caddesi, am Westrand der Stadt. Im Museum Schätze aus griechisch-römischer Zeit, Skulpturen, Sarkophage samt Grabbeigaben – aus Silber und aus Elfenbein. Auch wenn die Sonne lacht: ein Muß.
EXTRA-TOUREN: Perge und Aspendos, beeindruckende und immer gut besuchte Altertümer.
Köprülü-Kanyon-Nationalpark (auch ein Tip für Rafting-Freunde) und die antike Stadt Selge aus griechisch-römischer Zeit: beeindruckender und nur wenig besucht. Ein verzaubertes Stückchen Erde inmitten einer wilden Felskegellandschaft, über 1000 Meter hoch gelegen. Vor dem Theater ducken sich 150 Jahre alte Bauernhäuser, mit holzgeschnitzten Veranden. Achtung: Die alte Römerbrücke hinter Beşkonak ist gesperrt. Deshalb: Fünf Kilometer vor Beşkonak dem Schild »Karakük Beşkonak, Get wet Tourizm« folgen.
Kumköy, von Antalya Richtung Side, zehn Kilometer hinter Akzu, rechts dem kleinen (!) weißen Schild folgen: Hier versteckt sich der schattigste Pinienwald der Südküste. Absoluter Geheimtip, auch für ein Picknick. Am Strand (an der Flußmündung) dann zwei Bretterbuden, wo es den besten Fisch weit und breit gibt. Eine Pssst-Adresse, die sich die Schönen und Reichen Antalyas zuflüstern. Wir saßen in der hinteren Kneipe (vom Meer aus gesehen).

ANAMUR

Ein munteres Provinzstädtchen, ohne viel Tourismus. Mit Kreuzritterburg und griechisch-römischen Altertümern. Viele weite Badestrände. Idealer Standort für Ausflüge in die rauhen Taurusberge.
HOTELS: Vivanco, Bozyazi, Anamur, Tel. 324-851 42 00, Fax 851 22 91; DZ ab 70 Mark. Vier-Sterne-Hotel mit Zweieinhalb-Sterne-Service und entsprechender Ausstattung. Neben einer Bungalow-Anlage. Schöner und großer Pool, netter Strand.
Yali, Anamur, Tel. 324-814 14 35, Fax 814 34 74; Bungalow für zwei Personen 25 Mark. Einfach, aber herzlich. Mit Garten und gutem Restaurant, direkt am Meer. Der Besitzer spricht Deutsch. Separaten Bungalow buchen!

Reiseführer

Klein, handlich und gut: Das »Türkei Südküste«-Büchlein von Merian live. Wer sich für die Geschichte und die Kulturen des Landes interessiert, ist mit der Ausgabe »Südtürkei« vom Artemis-Verlag gut beraten. Der »Türkei«-Führer aus dem Michael Müller Verlag haßt alle Koffertouristen und Orte, in denen mehr als zwei Menschen Urlaub machen. Etwas für Hardcore-Struppis.

RESTAURANT: Doğanin Yeri, Anamur, Bankalar Cad. 15, Tel. 324-816 41 44. Eines von vielen netten Lokälchen (türk.: lokanta) in der Stadt, in denen herzhafte und gute Hausmannskost serviert wird. Wir hatten Linsensuppe, saure Leber und Nieren mit Reis und Salat, dazu Tee. Für drei Mark.

EXTRA-TOUR: Die Landstraße 33–62 klettert 1500 Meter hoch in die Berge und führt durch spektakuläre Taurus-Landschaften. Oben 1000jährige Zedern neben Wacholderriesen. Darunter Fossilien suchen! Und in **Abanoz Yaylasi** ins *kavhe* gehen, Kräutertee trinken und staunen!

SILIFKE

Orientalisch: Der alte Handwerkermarkt. Mit Kesselflicker, Schmied und Sattelmacher. Und kleinen Kneipen. Vor 20 Jahren *die* Station auf der Reise nach Indien. Und noch heute ein **TIP:** das legendäre **BP-Mocamp**, 15 Kilometer östlich von Silifke. Ein Zeltplatz mit zauberhafter Sicht auf die im Meer liegende Mädchenburg bei Kizkalesi. Fünf Kilometer weiter die kleine Bucht Narlikuyu, einst mit berühmtem Bad. Immer noch hübsch anzuschauen ist das Mosaik: drei nackte Halbgöttinnen, im Badehaus tanzend.

HOTELS: Altinorfoz Banana, Kuruçay Mevkii, 33944 Atakent/Silifke, Tel. 324-722 42 11-14, Fax 722 42 15; DZ ab 60 Mark. Vier-Sterne-Hotel, zweieinhalb hätten gereicht. Schöner Pool, direkt am Meer. Die erste Adresse in der Umgebung. Aber Achtung: liegt in Hörweite der stark befahrenen Strecke Silifke–Mersin. **Yaka**, 33790 Kizkalesi/Mersin, Tel. 324-523 20 41, Fax 523 24 48; DZ 22 Mark. Einfaches Haus, nette Wirtsleute (deutschsprechend). Hier hat Richard von Weizsäcker schon vor 13 Jahren übernachtet.

RESTAURANTS: Lagos, Narlikuyu, Tel. 324-72 32 87. 20 Kilometer östlich von Silifke. Direkt am Meer in einer romantischen Bucht. Zwei, drei Vorspeisen, ein paar frische Fische, dazu einen Salat. Alles wunderbar – zum Preis von 20 Mark.

EXTRA-TOUR: Das Hinterland von Silifke sieht aus wie Winnetous türkische Wahlheimat. Eine Karstlandschaft, mit weißem Fels und grünen Büschen durchsetzt. Tiefe Cañons und weiße Federwölkchen am blauen Firmament gibt es hier, und fernab am Horizont in flirrender Hitze die schwarzen Zelte der Nomaden. Besonders schön und stimmungsvoll ist eine Fahrt zu den griechischen und römischen Tempeln von Olba-Diokaisareia, 30 Kilometer nördlich von Silifka.

TIP: Das Fremdenverkehrsamt verkauft ein Büchlein in deutscher Sprache, das die Umgebung mitsamt Altertümern detailliert beschreibt. Die vier Mark lohnen sich. Information Office – Silifke Turizm, Veli Gürten Bozbey Cad. 6, Tel. 324-714 11 51, Fax 714 53 28.

Achtung! türkische Bäder: Unseren Istanbuler Masseur Omar finden Sie im Çemberlitaş-Bad, Vezirhan Cad. 8, Tel. 212-522 79 74, Fax 511 25 35. Schönen Gruß! Michael Dietrich 🌴

Veranstalter

Ob TUI, Jahn, Neckermann, Studiosus oder Öger Tours: Fast alle großen Reiseveranstalter bieten Pauschaltouren zu den Stränden und Altertümern der Türkei an. Hier noch zwei Tips für Individualisten, die sich ihre Reisen gern von kleinen Büros zusammenstellen lassen:

TANELI TÜRKKAN, Reiseorganisation Tosbağa, Wettersteinstr. 4, 82347 Bernried, Tel. 08158-69 52, Fax 95 33. Taneli Türkkan hat die GEO SAISON-Route in Zusammenarbeit mit seinem türkischen Partner Citrus-Travel in Antalya ausgearbeitet, Tel. 242-311 18 83, Fax 311 06 89. Seine Touren durch die Türkei dauern zwischen zehn und 14 Tage und sind mit Badeurlaub kombinierbar.

KARABURUN TOURS, Leipziger Str. 296, 34260 Kaufungen, Tel. 05605-9 48 70, Fax 94 87 21. Auf Pfaden unterwegs in Lykien. Sympathisch: die Durchschnittswanderzeit beträgt pro Tag zwei Stunden.

Urlaub kann man abonnieren! Wenn Sie bitte kurz nach rechts schauen würden.

DAS GEO SAISON-ABO FÜR SIE.

CA. 15 % PREISVORTEIL

DIE GEO SAISON-CITY GUIDES AUF CD-ROM.

JETZT BESTELLEN!

DAS GEO SAISON-ABO ZUM VERSCHENKEN.

CA. 15 % PREISVORTEIL

ICH SICHERE MIR DEN PREISVORTEIL VON CA. 15% UND ABONNIERE GEO SAISON.

Bitte schicken Sie mir ab der nächsten erreichbaren Ausgabe GEO SAISON 10mal im Jahr pünktlich frei Haus. Pro Heft zahle ich nur DM 6,80 statt DM 7,80 Einzelpreis. Das macht DM 68,– pro Jahr inklusive Porto. Ich weiß, daß ich dieses Abonnement jederzeit kündigen kann, das Geld für bezahlte, aber noch nicht gelieferte Hefte wird mir erstattet. Sie dürfen mich auch gern telefonisch über weitere interessante Zeitschriftenangebote informieren (ggf. streichen).

Name

Vorname

Straße

PLZ _Wohnort_

GEWÜNSCHTE ZAHLUNGSWEISE:
(10 Hefte jährlich z. Zt. DM 68,–):
☐ bequem und bargeldlos durch Bankeinzug

Bankleitzahl _Konto_

Name des Geldinstituts

☐ gegen Rechnung. Bitte keine Vorauszahlung leisten. Rechnung abwarten!

Datum _Unterschrift_

WIDERRUFSGARANTIE: Diese Bestellung kann ich durch eine kurze Mitteilung an den GEO SAISON-Leserservice, 20080 Hamburg, innerhalb von einer Woche schriftlich widerrufen. Die Frist beginnt einen Tag nach Absendung der Bestellung. Ich bestätige dies mit meiner zweiten Unterschrift.

Datum _2. Unterschrift_ 25453 F

Dieses Angebot gilt nur in Deutschland. Auslandspreise auf Anfrage.

New York, Paris, Rom und London auf CD-ROM:

Mit Full-Screen-Video, interaktivem Stadtplan und über 1400 Adressen: Hotels, Shopping, Nightlife, Kultur, Restaurants...

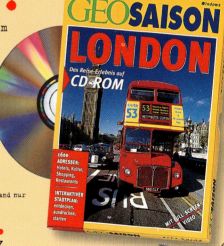

JA, senden Sie mir bitte gegen Rechnung den GEO SAISON-City Guide
____ „New York" (Art.-Nr. No780)
____ „Paris" (Art.-Nr. No781)
____ „Rom" (Art.-Nr. No783)
____ „London" (Art.-Nr. No782)

Bitte Anzahl angeben oder ankreuzen.

für je DM 79,– (zzgl. DM 5,– Versandkosten); Lieferung ins Ausland nur gegen Vorkasse per Euroscheck (zzgl. DM 8,– Versandkosten)

Datum/Unterschrift   25487

ICH SICHERE MIR EINE FREUNDSCHAFT UND VERSCHENKE EIN ABO VON GEO SAISON.

Für das Geschenk-Abo zahle ich pro Heft nur DM 6,80 DM inkl. Porto statt DM 7,80 Einzelpreis. Der Abo-Empfänger erhält dafür jede GEO SAISON-Ausgabe direkt nach Erscheinen pünktlich frei Haus. Sie dürfen mich auch gern telefonisch über weitere interessante Zeitschriftenangebote informieren (ggf. streichen).

Name

Vorname

Straße

PLZ _Wohnort_

GEWÜNSCHTE ZAHLUNGSWEISE:
(10 Hefte jährlich z. Zt. DM 68,–):
☐ bequem und bargeldlos durch Bankeinzug

Bankleitzahl _Konto_

Name des Geldinstituts

☐ gegen Rechnung. Bitte keine Vorauszahlung leisten. Rechnung abwarten!

Datum _Unterschrift_

DAUER DES GESCHENK-ABOS:
☐ bis auf Widerruf (mindestens 10 Ausgaben)
☐ limitiert auf 10 Ausgaben.

ADRESSE DES ABO-EMPFÄNGERS:

Name _Vorname_

Straße

PLZ _Wohnort_

WIDERRUFSGARANTIE: Diese Bestellung kann ich durch eine kurze Mitteilung an den GEO SAISON-Leserservice, 20080 Hamburg, innerhalb von einer Woche schriftlich widerrufen. Die Frist beginnt einen Tag nach Absendung der Bestellung. Ich bestätige dies mit meiner zweiten Unterschrift.

Datum _2. Unterschrift_ 25454 G

Dieses Angebot gilt nur in Deutschland. Auslandspreise auf Anfrage.

Antwort-Postkarte

GEO SAISON
Versandservice
Postfach 600

74170 Neckarsulm

Bitte mit 80 Pfennig freimachen, falls Marke zur Hand

Die neue Generation von Reisesprachführern:

Sprachkurs, Reiseführer und Wörterbuch in einem; mit Zugriff auf mehr als 5000 Stichwörter; das Plus: eine Audio-Kassette, die Sie in kürzester Zeit in die Lage versetzt, fremdsprachige Sätze zu verstehen und zu sprechen.

DIE GEO SPECIAL-KASSETTEN

Zweimal drei GEO Special-Hefte in einer Kassette. 1. **ABENTEUER NORDAMERIKA**. Mit Alaska, Rocky Mountains und Kanada. 2. **ZAUBER ASIENS**. Mit China, Hongkong und Indonesien (inklusive Bali). Jede Kassette zum einmaligen Komplettpreis von DM 39,–. Sie sparen DM 5,40 gegenüber dem Einzelkauf. Die Karte links einfach ausfüllen und abschicken.

DAS IDEALE WEIHNACHTSGESCHENK

Antwort-Postkarte

GEO Versandservice
Postfach 600

74170 Neckarsulm

Bitte mit 80 Pfennig freimachen, falls Marke zur Hand

Antwort-Postkarte

Gruner+Jahr AG & Co
Anzeigen-Leserservice
GEO SAISON
Brieffach Nr. 15

20444 Hamburg

Bitte mit 80 Pfennig freimachen, falls Briefmarke zur Hand

Informieren Sie sich kostenlos

Wünschen Sie mehr Informationen über Anzeigen in GEO SAISON?
Es funktioniert ganz einfach:
1. Sie trennen die Anzeigen-Leserservice-Karte (links) heraus.
2. Sie blättern das Heft durch. Viele Anzeigen, die Sie noch einmal als Orientierungshilfe auf der folgenden Seite aufgelistet finden, sind mit einem Symbol ▢▢▢▢ versehen, in dem eine vierstellige Zahl steht (bitte nicht mit der Seitenzahl verwechseln). Übertragen Sie bitte die vierstellige Zahl aus der Anzeige in ein freies Feld der Service-Karte bzw. des Coupons auf dieser Seite.
3. Wir leiten Ihre Wünsche sofort an die Anbieter weiter. Alle Informationen erhalten Sie dann direkt vom Anbieter.

GEO SAISON
Anzeigen-Leserservice

Wir leiten Ihre Wünsche sofort an die Anbieter weiter

Liebe Leserin, lieber Leser,
hier finden Sie die Übersicht aller Anzeigen mit Kennziffer. Wünschen Sie von einem oder mehreren Anbietern ausführlichere Informationen? Dann notieren Sie die jeweils auf der Anzeige unten angegebene Kennziffer auf einer der Anzeigen-Leserservice-Karten (hier links zum Heraustrennen). Senden Sie uns diese Karte umgehend zu. Wir leiten Ihre Wünsche sofort an die Anbieter weiter.
Beachten Sie bitte, daß manchmal für sehr aufwendige Kataloge eine Schutzgebühr erhoben wird. Hierauf wird in der Anzeige und auch in der Anzeigenübersicht unten hingewiesen.

Anzeigen mit Kennziffern finden Sie auf folgenden Seiten:

Reiseveranstalter | Seite
a&e Reiseteam	125
Arabian Holidays	125
Austral Tours	126
AvenTOURa	123
Canusa Touristik	123
Fintouring	125
Gastager Weltreisen	124
GeBeCo Studien- und Erlebnisreisen	19
Globetrotter München	125
Hawaii Holiday Service	123
Hirsch Reisen	123
IfAH Tours	124
Junker Reisen GmbH	124
McFlight	123
McFlight	125
Meridia Reisen	122
Miller Reisen	123
Santana Travel	123
Peter Schneider Sagarmatha Trekking	124
SKR Studien-Kontakt-Reisen	124
Suntrek Tours	125
Trauminsel Reisen	123
TTH	126
Uhambo e Africa	126

Flüge
Travel Overland	125

Fremdenverkehrsämter
Kaufbeuren	59
Luxemburg	117
Waldhessen	125

Seereisen
Norwegische Schiffahrts-Agentur	17
Seetours International	57

Verschiedenes
Denart + Lechhart/Globetrotter Ausrüstungen	71

IMPRESSUM

Gruner + Jahr AG & Co, Druck- und Verlagshaus. Am Baumwall 11, 20459 Hamburg. Postanschrift für Verlag und Redaktion: 20444 Hamburg. Tel. 040-37 03-0, Fax 040-37 03-56 80, btx: *Geo #
ISBN-Nummer: 3-570-19089-7

HERAUSGEBER: Peter-Matthias Gaede
CHEFREDAKTEURIN: Christiane Breustedt
STELLV. CHEFREDAKTEUR: Peter Meroth
ART DIRECTOR: Johannes Hartmann
KOORDINATION: Waltraut Seegers
TEXTREDAKTION: Kornelia Dietrich, Michael Dietrich, Thomar Hopfgarten, Birgit Knop, Bernd Schwer, Katja Senjor, Jo Viellvoye
BILDREDAKTION: Elisabeth Degler, Anja Jöckel, Karin Rogers
BILDARCHIV: Ursula Wittmann
LAYOUT: Thomas Kleine, Nicole Lucas, Nathalie Streitberger, Jochen Feege (techn. Schlußredaktion)
SCHLUSSREDAKTION: Dr. Friedel H. Bastein
DOKUMENTATION: Andrea-Rebecca Baalk
KORRESPONDENT: Karl Teuschl, Terofalstr. 3, 80689 München, Tel. 089-70 72 94, Fax 70 89 66

Verantwortlich für den redaktionellen Inhalt: Christiane Breustedt

VERLAGSLEITER: Dr. Jürgen Althans, Dr. Werner Beba (Stellv.)
ANZEIGENLEITER: Dr. Werner Beba (verantw. für Anzeigen)
VERTRIEBSLEITER: Jan Schweke
HERSTELLER: Peter Grimm

GEO SAISON-TELEFON-SERVICE
Abonnement, Nachbestellungen, Sammelschuber:
Tel. 040-37 03 40 41, Fax 37 03 56 57
(Schweiz: Tel. 041-377 36 78, Fax 377 24 55;
Österreich: Tel. 0222-91 07 63 26, Fax 91 07 63 18);
Internet: abo-service@guj.de
Anzeigen: Tel. 040-37 03 23 27, Fax 37 03 56 08
Internet: stahmer.frank@geo.de
Redaktion: Tel. 040-37 03 37 12, Fax 37 03 56 80;
Internet: meroth.peter@geo.de

ABONNENTEN-SERVICE-ADRESSEN
Deutschland: Gruner + Jahr AG & Co, GEO SAISON-Abonnenten-Service, 20080 Hamburg. Postbank Hamburg, Konto 240 00 209, BLZ 200 100 20. Jahresabonnement DM 68,– frei Haus. Einzelheft DM 7,80.
Schweiz: GEO SAISON-Abonnenten-Service, CH-6045 Meggen. Jahresabonnement sfr 68,– frei Haus. Einzelheft sfr 7,80.
Österreich: DPV Wien, GEO SAISON-Abonnenten-Service, Postfach 63, A-1011 Wien. Jahresabonnement öS 510 frei Haus, Einzelheft öS 60.
Übriges Ausland: DPV, GEO SAISON-Abonnenten-Service, Postfach 10 16 02, 20010 Hamburg. Die Preise für Jahresabonnements im Ausland nennt Ihnen gern der DPV-Abonnenten-Service.

Anzeigenpreisliste Nr. 8 vom 1. Januar 1996. Bankverbindung: Deutsche Bank AG, Hamburg, Konto 03 22 800, BLZ 200 700 00.

ISSN-Nr.: 0946-8773. Der Export der Zeitschrift GEO SAISON und deren Vertrieb im Ausland sind nur mit Genehmigung des Verlages statthaft. GEO SAISON darf nur mit Genehmigung des Verlages in Lesezirkeln geführt werden.

Für unverlangt eingesandte Manuskripte und Fotos übernehmen Verlag und Redaktion keine Haftung.

© GEO SAISON 1996, bei Gruner + Jahr AG & Co, Hamburg, für sämtliche Beiträge. Einem Teil dieser Auflage liegen folgende Prospekte bei: Engl. Book Club, Delinat, PM, GEO und GEO SAISON.

Reproduktion: Otterbach Repro GmbH, Würzburg, Druck: TUSCH-Druck Ges.m.b.H./Neudörfl/Österreich

---

FOTOVERMERKE
(nach Seiten, Anordnung im Layout: l. = links, r. = rechts, o. = oben, m. = Mitte, u. = unten)

TITEL: Hans-Joachim Ellerbrock/Bilderberg; Pandis (kl. Foto)
EDITORIAL: GABO: 5
INHALT: Erich Spiegelhalter/Focus: 7 o.; D. Trask/Transglobe: 7 l. m.; Pandis: 7 r. m.; Guido Mangold: 7 u.
TRAVELLER'S WORLD: Musée National du Château de Versailles et de Trianon © Photo RMN; Musée du Petit Palais, Genf; Deutsches Historisches Museum, Berlin; Germanisches Nationalmuseum, Nürnberg; Stadtmuseum Dresden © Sächsische Landesbibliothek, Abt. Deutsche Fotothek: 11 l. o. im Uhrzeigersinn; PPS China Photoservice/Focus: 11 m.; Deutsche Bahn AG: 11 u.; Andreas Achmann/PMI: 12 l. o.; Süddeutscher Verlag: 12 l. o.; Tony Stone/Stuart Westmorland: 12 m.; Michael Friedel: 12 l. u.; Ulrich Baatz/Stern: 12 r. u.; Wolf-Dietrich Weissbach M.A.: 14 u.; Tony Stone/Robert Frerck: 17; Tom Ives/Focus: 18; The Image Bank/Brett Froomer: 19
DEUTSCHLAND: Anselm Spring: 22/23, 32/33 (2), 36 l. o., 41 r. o., 56 l. u.; Heinz Teufel: 24/25 (2), 51 l.; Florian Werner/Allover: 26/27; Martin Siepmann: 27 r.; Christoph Engel/Visum: 28/29 (2), 52 (2); Thomas Cojaniz/Visum: 30/31 (2), 53 (2); Jürgen Henkelmann: 34 l., 55 r. u., 58 l. o.; G. Blutke/OSTKREUZ: 34/35; Gregor M. Schmid: 36/37, 46/47; Werner Richner: 38/39; Axel M. Mosler: 39 r.; Dorothea Schmid/Bilderberg: 40/41; Franco Zehnder/Stern: 42/43 (3); H.-J. Ellerbrock/Bilderberg: 44/45 (3), 60/61 (3); Arnold E. A. Debus/Verkehrsamt Staffelstein: 47 r.; Jochen Tack/Das Fotoarchiv: 50; Hans Dreßl: 51 l.; Pisacreta/ROPI: 54; JÜRGENS OST u. EUROPA-PHOTO: 55 l. u.; Armin Faber: 56/57; Knuth/Hotel Ostende: 58 l.; Naturtheater Hayingen: 59; Obermain Therme: 62 l. o.; Hotel-Restaurant Rödiger: 62 r. o.
ABENTEUER-REISEN: Pandis: 65, 69, 75 r. u.; Georg Lemberg: 66–68 (6), 72 o.; Bernd Krüger: 70 o.; Timon Ade: 70 u.; Werner Gartung/laif: 72 u.; G. Planchenault/Vandystadt/Focus: 73; Heinz Endler/LOOK: 74; Mihich/Vandystadt/Focus: 75 l.; D. Givois/Vandystadt/Focus: 76 l.; Mario Colonel/Focus: 76 r. m.; Florian Wagner/Bilderberg: 77; F. St. Clair Renard/Vandystadt/Focus: 78; Uli Wiesmeier/LOOK: 79
TÜRKEI: Guido Mangold: 80–96; Michael Dietrich: 93 o.
ONTARIO: Index Stock/Transglobe: 104/105; Thomas Peter Widmann: 106, 110; Ottmar Bierwagen Photo/CANADA IN STOCK INC.: 107; Michael Yamashita/Focus: 108 o.; Alan Marsh/First Light: 108 u., 112 u.; H. Fauner/Transglobe: 109; Comstock Stock Photography: 111; B & C Alexander/Focus: 112 o.
LUXEMBURG: Rob Kieffer: 114–118
BERN: PRISMA/Heeb: 127 l. u.; Daniel Wietlisbach: 127 r.; Michael Wolf/Visum: 128 o.; Hotelfoto: 128 u.; Fernand Rausser: 130 o.; Emanuel Ammon/AURA: 130 m.
SINAI: Ines Krüger: 134–140; Jan Putfarcken: 141 o.; Heiner Müller-Elsner/Focus: 141 m.
VORSCHAU: Guy Hervais: 142 l. o.; Knut Müller/Das Fotoarchiv: 142 r. o.; Melanie Acevedo: 142 r. m.; Karin Apollonia Müller/Focus: 142 r. u.

KARTEN/ILLUSTRATIONEN
Diesem Heft liegt eine Deutschlandkarte des Verlages Bergenthal-Team-Fredeburg bei.

BRIEFE: Tetsche: 8
TRAVELLER'S WORLD: Nils Fliegner: 14, 16, 17
DEUTSCHLAND: Thomas Kleine: 22–47, 52, 54, 57, 60; Waltraut Seegers: 50, 51, 53, 55, 56, 58, 59, 62
TÜRKEI: Nathalie Streitberger: 95
ONTARIO: Nathalie Streitberger: 113
LUXEMBURG: Thomas Kleine: 118
GESUNDHEIT AUF REISEN: Martin Haake: 132, 133
SINAI: Nathalie Streitberger: 141
VORSCHAU: Caroline Ronnefeldt: 142

Indian Summer im Algonquin Provincial Park: Orange und rot färben sich die Ahornblätter, gelb die der Birken und Pappeln

Ontario

Hier schlägt das Herz Kanadas. Acht Ontario-Experten verraten ihre besten Tips: Paddeln im **Algonquin Provincial Park**. Wandern durch das einzigartige Ökosystem der **Bruce Peninsula**. Die riesigen Vogelschwärme von **Point Pelee** beobachten, Angeln in der Einsamkeit des **Minaki-Seen-Labyrinths**. Mit dem Fahrrad zu einer Zeitreise ins **Land der Mennoniten** starten. Den kolonialen Charme von **Niagara-on-the-Lake** bestaunen. In der Hauptstadt **Ottawa** Kunst und Kultur erleben. Und die flippige Szene der Metropole **Toronto** genießen.

Sprung ins Blaue an der Indian Head Cove

ONTARIO Expertentips

Oliver Dawson studierte in Freiburg, arbeitet tagsüber bei der Upper Canada Brewing Company, die in Toronto Bier nach deutschem Reinheitsgebot herstellt, und singt abends Opern. Er ist unsere Insider-Quelle

fürs Nachtleben in Toronto

Reggae auf der Terrasse: »Bamboo Club«

Was mich an meiner Heimatstadt immer wieder fasziniert, ist die unterschiedliche Atmosphäre in den Trendvierteln. Bei fast vier Millionen Einwohnern, darunter vielen Einwanderern aus aller Welt, kein Wunder. Die Vorlieben wechseln schnell, alle paar Jahre ist ein anderes Viertel »in«. In den 80ern war es Yorkville, doch seit etwa fünf Jahren ist die Szene vor allem im »Fashion District« zu finden. Freitag oder Samstag abend ist in der Queen Street schwer was los. Mein Tip hier: das »Rivoli« (332 Queen Street West), ein flippiges Lokal mit thai-kanadischer Küche, viel Kunst an den Wänden, Jazzbar und einer Pool-Halle im Obergeschoß. Das für mich beste Restaurant der Stadt liegt nur einige Schritte weiter am Rande des Theatre District: das »Avalon« (270 Adelaide Street West). Teuer, aber der Chef Chris MacDonald kocht einfach göttlich. Günstiger: »ACME Bar and Grill« (86 John Street). Ganz neu im Trend liegt der Warehouse District um King Street und Atlantic Avenue. In die alten Lagerhallen sind Künstler und Cartoon-Firmen eingezogen und peppen das Viertel auf. Mein Tip hier: das »Liberty Street Cafe« (25 Liberty Street). Es bietet witzige Multikulti-Küche und oft gute Bands.

Im italienischen Viertel Little Italy mag ich »The Midtown« (552 College Street) am liebsten – wegen der hervorragenden Tapas und Antipasti. Und im Greek District empfehle ich »Allen's« (143 Danforth Avenue). Hier wird zwar nicht griechisch, sondern multinational gekocht, das aber hervorragend. Und die Terrasse im Hinterhof ist herrlich. Nicht verpassen sollte man auch ein paar Klassiker: im Studentenviertel »The Annex« zum Beispiel das »Madison« (14 Madison Avenue) in einer alten viktorianischen Villa, das größte Pub Torontos, und den »Bamboo Club« (312 Queen Street West) mit Terrasse und Reggae-Rhythmen.

ÜBERNACHTUNGSTIP: *Holiday Inn on King, 370 King Street West, Toronto, Ont. M5V 1J9, Tel. 001-416-599-4000, Fax 599-7394; DZ 160–200 Mark. Ein topmoderner Turmbau, relativ preiswert und in bester Lage zum Theaterviertel und dem Nachtleben um die Queen Street.*

Mark Wiercinski, Biologe. Die Georgian Bay am Lake Huron ist seine Heimat. Hier ist er aufgewachsen und erkundet er seit zehn Jahren die vielfältige Natur eines besonders reizvollen

Küstenabschnitts – auf der Bruce Peninsula

Die meisten Urlauber durchqueren diese schmale Halbinsel auf dem Weg in Richtung Manitoulin Island ganz schnell im Auto und fahren dabei nur wenige Kilometer an einem für ganz Kanada einzigartigen Ökosystem vorbei. Wo sonst kann man über Baumstämme klettern, die vor 3000 Jahren wuchsen und seit fast 2000 Jahren dort liegen? Heute haben die Bäume hier besseres Bonsai-Format, sie sind allerhöchstens zwei Meter hoch, aber auch schon mehr als 1500 Jahre alt. Das Ganze wird umrahmt von einer bizarren Klifflandschaft, die immer wieder in weite Sumpfgebiete übergeht. Die Artenvielfalt der Bruce Peninsula überrascht mich auch nach so vielen Jahren noch. Mindestens 40 Orchideen- und mehr als 200 Vogelarten gibt es hier.

Mein Tip für eine Zwei-Tages-Wanderung auf dem Bruce Trail: der nordöstlichste Abschnitt zwischen Tobermory und Cabot Head. Hier sind die Klippen am höchsten, das Wasser ist zwar kalt (etwa 5 Grad), aber klar und sauber. Und auf dem Grund liegen fast 20 Schiffswracks, ideal für Taucher, die aus ihren Anzügen oft gar nicht mehr raus wollen. Touristisch erschlossen ist hier gar nichts, für die Nacht kann jeder sein Zelt aufstellen, wo es ihm gefällt.

AUSRÜSTUNG UND INFORMATION: *Tobermory Adventure Tours, Tobermory, Ont. N0H 2R0, Tel. 001-519-596-8170, Fax 596-2172. Dort auch Vermittlung von Unterkünften wie den rustikalen Wireless Bay Cabins; DZ 57–110 Mark.*

KURZREISE Bern

Majestätisch im Hintergrund: die Berge des Berner Oberlandes mit Eiger, Mönch und Jungfrau

dem »Bund«) verraten, wo gerade eine Vernissage oder eine Premiere ist.

Noch heute profitiert die Berner Kulturszene von den Sechzigern. Damals war die Stadt Zentrum und Treffpunkt der Avantgarde: Meret Oppenheim arbeitete hier, Jean Tinguely kam oft aus Paris. Der heute weltbekannte Ausstellungsmacher Harald Szeemann leitete die Kunsthalle, die als erster öffentlicher Bau von Christo verpackt wurde.

»Überall stieg die Jugend auf die Barrikaden, in Bern ging sie in die Keller und machte Kunst«, sagt Ulrich Loock, Direktor der Kunsthalle. Er ist zu Gast auf einer Vernissage in der Galerie Friedrich in der Junkerngasse, in den Räumen einer Etagenwohnung. Nach der offiziellen Ausstellungseröffnung gehen wir mit den anderen Gästen ins »Lorenzini«. Sehen und gesehen werden, »an die Front gehen«, wie die Berner es mit subtilem Humor nennen, das tun sie am liebsten dort, wo auch wirklich alle hinschauen. Die italienische Bar mit Restaurant im ersten Stock ist der ideale Ort. An sechs Tagen in der Woche ist sie bis zur Sperrstunde knallvoll. Nur sonntags ist Ruhetag.

Wie in der ganzen Stadt. Die vom Herrn am siebten Tage verordnete Stille befolgen die Berner mit respektvollem Ernst. So bleibt dem Besucher kaum mehr als ein Gang hinauf zum Rosengarten, dem schönsten Aussichtspunkt der Stadt. Oder ein Besuch in einem der zwölf Museen. Das Kunstmuseum verfügt zum Beispiel über eine große Sammlung des in Bern aufgewachsenen Paul Klee.

Ist es gerade Sommer und das Wasser der Aare auf Badetemperatur, ergibt sich das Programm allerdings

Info

TELEFON Vorwahl Bern 0041-31

HOTELS

Hospiz zur Heimat, Gerechtigkeitsgasse 50, CH-3011 Bern, Tel. 311 04 36, Fax 312 33 86. DZ inklusive Frühstück 160 Mark. Einfaches, aber sympathisches Haus in der Altstadt. Tip: Zimmer nach hinten verlangen.

Innere Enge, Engestrasse 54, CH-3012 Bern, Tel. 309 61 11, Fax 309 61 12. Ruhig gelegene Villa am Stadtrand, fünf Busminuten bis zum Hauptbahnhof. DZ inklusive Frühstück 270 Mark. Günstig für Durchreisende, da großer eigener Parkplatz. Sonntags Jazz-Matineen.

Belle Époque, Gerechtigkeitsgasse 18, CH-3011 Bern, Tel. 3114336, Fax 3113936. DZ inklusive Frühstück 360 Mark. Seit 30 Jahren sammelt das Ehepaar Ledermann Jugendstil. Als es in ihrem Haus zu eng wurde, kauften sie das Hotel in der Berner Altstadt. Zu sehen sind unter anderem Originale von Gallé, Mucha und Laligne.

AUSKUNFT

Verkehrsverein Bern, Im Bahnhof, CH-3001 Bern, Tel. 311 66 11, Fax 312 12 33.

ESSEN & TRINKEN

BERN KLASSISCH:

Della Casa, Schauplatzgasse 16, Tel. 311 21 42. Rustikale einheimische Küche mit Schweizer Schlachteplatte und Rösti. Sa nachmittag und So geschl.

Harmonie, Hotelgasse 3, Tel. 311 38 40. Traditionelle »Beiz«. Wenn Käsefondue, dann hier. Sa 15 Uhr bis Mo 15 Uhr geschl.

Klözikeller, Gerechtigkeitsgasse 62, Tel. 311 74 56. Seit 1635; deftige Schweizer Küche in mittelalterlichem Kellergewölbe. So und Mo Ruhetage.

BERN MODERN:

Diagonal, Amthausgasse 18, Tel. 311 06 16. Modernes Design, cooler Jazz, annähernd 20 nationale und internationale Zeitungen liegen im Café aus.

Kreissaal, Brunngasshalde 63, Tel. 312 50 00. Der Eingang von Berns angesagtester Nachtbar liegt in einem mit Schwarzlicht beleuchteten Tunnel.

Lorenzini, Hotelgasse 8, Tel. 311 78 50. Im Restaurant reservieren! So Ruhetag.

Stockwerk, Postgasse 49, Tel. 311 64 84. Junges, vegetarisches Restaurant. So Ruhetag.

SHOPPINGTIP

Uhrsachen, Kramgasse 68, Tel. 318 01 18. Das Schmuckstück unter Berns Uhrengeschäften. Exklusive Auswahl kleiner Designerserien.

AUSFLUGTIP

Schilthorn–Piz Gloria, 1. 1.–31. 12. tägl. ab Bern Hbf. Mit der Bahn nach Lauterbrunnen, Postauto nach Stechelberg, längste Luftseilbahn Europas. Kosten: 155 Mark/Person.

Schweizer Flaggen und Jugendstil: das Hotel »Belle Époque«

WORLD DISCOVERIES

Gute Nachrichten für alle, die die Welt neu entdecken möchten.

Wenn Du Deine Träume erfüllst, geben wir Dir den Halt, den Du fürs Abenteuer brauchst.

Let us be friends.

LOWA Sportschuhe GmbH · Hauptstraße 19 · D - 85305 Jetzendorf

KURZREISE Bern

Beliebter Treffpunkt: Café-Garten auf der Münster-Plattform

Einladende Stimmung: die Kramgasse in der Altstadt bei Nacht

von selbst. Kaum einen Berner hält es dann noch am Ufer. Sie strömen hinunter ins Flußtal und werfen sich in den mineralwasserklaren Strom, der den Stadtkern in scharfer Kurve umrundet. Wie eine gestrandete Arche erhebt sich über den Badenden die Halbinsel der Altstadt in 40 Meter Höhe. Ein wenig sieht es dann aus, als seien sie alle von Bord gesprungen.

Ist es zum Baden zu kalt, empfiehlt sich eine vom Verkehrsbüro organisierte Tour ins Berner Oberland. Zum Beispiel zum 2970 Meter hohen Schilthorn. Sein akrobatisch auf den Gipfelgrad geklebtes Drehrestaurant bietet eine derart spektakuläre Kulisse, daß sich dort schon 007 und sein Dauerfeind Blofeld vor der Kamera prügeln durften. Der Blick reicht weit über die Gipfel und die Nebelmeere in den Tälern. Im Winter legen sich die weißen Schleier oft für Tage über Bern. Dann kommt es vor, daß die Feuchtigkeit im aufsteigenden Rauch des städtischen Krematoriums in der Kälte kristallisiert. So geht mancher Berner schließlich leise als Pulverschnee über seiner Heimat nieder. Muß das für einen Schweizer nicht ein wunderbares Ende sein?

Lars Nielsen

MIAMI BOMBAY HARARE HOUSTON BUENOS AIRES KAPSTADT LOS ANGELES BOSTON SAN FRANCISCO NEW YORK ATLANTA SAO PAULO JAKARTA DALLAS HONGKONG DENPASAR BANGKOK WASHINGTON DUBAI SINGAPUR ABU DHABI NAIROBI CHICAGO DELHI MEXIKO CITY LIMA

Wir senken die Preise zu den weltweit schönsten Zielen. Die Lufthansa World Discoveries – jetzt in Ihrem Reisebüro mit Lufthansa Agentur.

Bangkok ab 1.599 Mark*
Singapur ab 1.549 Mark*
Washington ab 1.049 Mark*
Miami ab 1.199 Mark*
Denpasar ab 1.749 Mark*
Jakarta ab 1.749 Mark*
Hongkong ab 1.849 Mark*
Bombay ab 1.699 Mark*
Delhi ab 1.699 Mark*

Boston ab 999 Mark*
Mexiko City ab 1.349 Mark*
San Francisco ab 1.349 Mark*
Sao Paulo ab 1.849 Mark*
Buenos Aires ab 1.999 Mark*
Chicago ab 1.099 Mark*
New York ab 999 Mark*
Houston ab 1.099 Mark*
Atlanta ab 1.049 Mark*

Lima ab 1.999 Mark*
Los Angeles ab 1.349 Mark*
Harare ab 1.999 Mark*
Kapstadt ab 1.999 Mark*
Dallas ab 1.099 Mark*
Nairobi ab 1.492 Mark*
Abu Dhabi ab 1.099 Mark*
Dubai ab 1.099 Mark*
u. v. m.

Preise zuzüglich Sicherheitsgebühren, Passagiergebühren und Flughafensteuer von 27 bis 53 Mark. Preisbeispiele gelten für Direktflüge ab 1. 11. 1996 bis 10. 12. 1996. Begrenzte Sitzplatzkapazität. Weitere Reisebedingungen erfahren Sie in Ihrem Reisebüro mit Lufthansa Agentur oder unter Tel. 0 18 03-803 803 sowie im Internet unter http://www.lufthansa.com.

GESUNDHEIT auf Reisen

Als Klaus Wesselhöft sich beim Skifahren in Österreich einen komplizierten Beinbruch zuzog, war er dennoch ganz beruhigt. Zum Leistungspaket seiner Kreditkarte gehörte auch eine Auslandskrankenversicherung und die Garantie, ihn im Notfall heimzuholen. Aber daraus wurde nichts.

Der Rücktransport, mußte er sich von der Versicherung belehren lassen, erfolge laut Vertragsbedingungen nur im »medizinisch notwendigen Fall«. Konkret: Nur wenn keine ordnungsgemäße Versorgung am Urlaubsort möglich sei, werde transportiert. In Österreich aber sei der medizinische Standard mit dem in Deutschland vergleichbar. Deshalb erfolge die Behandlung am Ort. Entsprechendes gelte im übrigen auch für alle anderen europäischen Länder, selbst, wenn er vielleicht in Sizilien in einem 12-Bett-Zimmer liegen würde.

Anders sieht das zum Beispiel für Urlauber in den USA aus. Dort sind Behandlungen im Hospital trotz des guten Standards oft so teuer, daß die Versicherer den Rücktransport ihrer Kunden meist ziemlich unbürokratisch und schnell organisieren – aber nur, um Geld zu sparen.

»Jeder Fall wird einzeln entschieden«, warnt auch Wolfgang Scholl, Versicherungsexperte bei der Verbraucherzentrale Nordrhein-Westfalen, vor allzuviel Vertrauen in die Versicherungsunternehmen: »Ein von der Versicherung beauftragter Mediziner hat die Notwendigkeit eines Transportes zu beurteilen. Dies tut er in Absprache mit dem vor Ort behandelnden Arzt.« Doch welcher Arzt gebe schon zu, daß er einen Patienten nicht versorgen könne. Zudem hänge es von der Kulanz des Schadenssachbearbeiters bei der Versicherung ab, wie schnell eine Kostenübernahmeerklärung

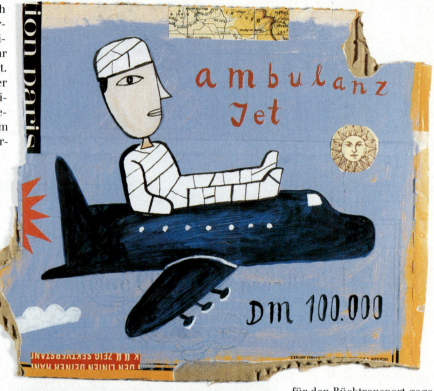

HEIMSUCHUNG

Krank im Urlaub? Sie wollen sofort zurück nach Hause? Verlassen Sie sich dabei nicht auf Ihre Reisekrankenversicherung.

für den Rücktransport gegeben werde. Die aber sollte der Versicherte vor der Rückreise möglichst schwarz auf weiß haben. Wer sich ohne sie heimbringen lasse, müsse damit rechnen, auf der Rechnung sitzenzubleiben. Der Rückflug in einem Ambulanzjet aus Übersee kostet immerhin 100 000 Mark.

Was können Reisende also tun, um sich derartiges zu ersparen? Falsch wäre es, keine Reiseversicherung abzuschließen – schon um die Eigenanteile ambulanter Arztbesuche im Ausland abzudecken, denn die gesetzlichen Krankenversicherungen erstatten nur die deutschen Honorarsätze, und das auch nur bei Behandlungen innerhalb der Europäischen Union und in Ländern, mit denen Deutschland ein Sozialversicherungsabkommen abgeschlossen hat, zum Beispiel in Israel, Marokko, Tunesien, Polen, Tschechien, der Slowakei, der Türkei und dem ehemaligen Jugoslawien.

Auch wenn, wie die Erfahrungen der Verbraucherschützer zeigen, keine Versicherung den Rücktransport garantiert, können Sie immerhin Ihre Chancen maximieren, indem Sie eine möglichst gute Reisekrankenversicherung abschließen. Nach einer Untersuchung der Verbraucherzentrale Nordrhein-Westfalen haben zum Beispiel die Concordia Krankenversicherung und die Globale Krankenversicherung sehr gute Bedingungen.

Als Zusatzmaßnahme erscheint es sinnvoll, als Förderer einer gemeinnützigen Hilfsorganisation beizutreten. Die Johanniter-Unfall-Hilfe und der Arbeiter Samariter Bund ermöglichen ihren Mitgliedern, deren Ehepartnern und kindergeldberechtigten Kindern die Rückholung, wenn der Krankenhausaufenthalt länger als 14 Tage dauern sollte und der behandelnde Arzt den Transport befürwortet. Einen ähnlichen Service bietet auch der Malteser-Hilfsdienst seinen Mitgliedern. Allerdings müssen sie zusätzlich zu ihrem Jahresbeitrag noch 3,70 Mark bezahlen. Eine weitere Möglichkeit ist die Fördermitgliedschaft bei der Deutschen Rettungsflugwacht (Echterdinger Str. 89, 70794 Filderstadt, Tel. 0711-7 00 70). Der Verein holt seine Mitglieder für einen Jahresbeitrag von 48 Mark (Familien: 96 Mark) nach Hause, es sei denn, der Kranke ist nicht transportfähig – oder hat nur eine banale Grippe.

Vorsicht ist dagegen bei solchen Rückholdiensten geboten, die horrende Beiträge erheben, aber im Gegensatz zu den genannten Diensten nicht über eigenes medizinisches Personal verfügen. Sie haben ihre Mitglieder mitunter bei einer ganz normalen Reisekrankenversicherung für wenige Mark Jahresbeitrag versichert und streichen die Differenz einfach ein, ohne dafür irgendeine weitere Leistung zu bieten. Es empfiehlt sich, nach dem medizinischen Personal eines Anbieters zu fragen oder sogar zu verlangen, mit den angegebenen Medizinern zu sprechen. Wer hier nur ausweichende Antworten bekommt, sollte bei diesen unseriösen Rückholdiensten lieber keinen Vertrag abschließen.

Weitere Informationen bei der Verbraucherzentrale Nordrhein-Westfalen, Mintropstr. 27, 40215 Düsseldorf, Tel. 0211-3 80 90, Fax 380 91 72. Dort bekommen Sie auch die Untersuchung zum Thema »Reisekrankenversicherungen«.

Lars Nielsen

Lopedium® akut ISO: Wirkstoff: Loperamid-HCl. **Anwendungsgebiete:** Symptomat. Behandlung v. akuten Durchfällen für Erwachs. u. Kinder ab 12 J., sofern keine ursächliche Therapie zur Verfügung steht, für max. 2 Tage. **Gegenanzeigen:** Überempfindlichkeit, Kinder unter 12 J., aufgetriebener Leib, Verstopfung, Darmverschluß, Durchfall mit hohem Fieber, blutigem Stuhl od. Durchfall nach Antibiotikagabe; chronischer Durchfall. Nur nach ärztl. Verordnung bei od. nach einer Lebererkrankung. Anwend. in Schwangerschaft u. Stillzeit sollte nicht erfolgen. **Nebenwirk.:** Gelegentl. Kopfschmerzen. Selten Müdigkeit, Schwindelgefühl, Bauchkrämpfe, Übelkeit, Mundtrockenheit, Hautausschlag. In Einzelfällen Darmverschluß, Ausbildung einer Darmerweiterung als Komplikation z. B. einer chron. entzündl. Darmerkrankung kann gefördert werden. Mat. Nr.:2/824/06. **Stand:** Januar 1996, HEXAL AG, 83607 Holzkirchen

Arzneimittel Ihres Vertrauens

Sei wie ein Baum: Am Hotelstrand üben wir mit Irene Reintjens Qi Gong

Auf der Suc

Ausflug im Schaukelschritt: Beduinen führen uns durchs Wadi

Die Wüste ist der ideale Ort für alle, die sich nach Besinnung sehnen. Wer sich dort dann auch noch in der chinesischen Meditationsform Qi Gong übt, erlebt die tiefste mögliche Stille – in sich selbst.

he nach Ruhe

Lade dich auf wie eine Batterie: Energieübung im Haus des Windes

Es sieht so aus, als würden wir nichts tun.

Dabei aber kann man alles falsch machen: Wenn wir die Hände zu dicht am Körper halten, sind unsere Schultern verkrampft. Wenn wir das Becken nicht nach vorn kippen, ist unsere Wirbelsäule schief. Und wenn wir die Knie nicht leicht beugen, ist unser ganzer Rumpf angespannt. So schwer ist Stillstehen! Von den Gedanken, die wir nicht haben sollen, gar nicht zu reden.

»Sei wie ein Baum«, hat unsere Qi-Gong-Lehrerin Irene Reintjens gesagt, »unten fest und sicher im Boden verankert, oben leicht und unbeschwert.« Aber nicht zu denken ist vielleicht das Allerschwerste, wenn man frisch aus Hamburg, Frankfurt oder Berlin kommt, wenn man den Kopf noch voll hat mit dem letzten Ärger im Job oder dem jüngsten Streß in der Beziehung.

Um das alles zu vergessen, um Abstand vom Alltag zu bekommen, sind wir in die Wüste gefahren. 18 Frauen und Männer haben sich bei dieser Gruppenreise in einem kleinen Hotel im Sinai getroffen. Sozialarbeiter und Ärztinnen, Hausfrauen und Sekretärinnen, Ethnologen und Ingenieurinnen, von Ende 20 bis Ende 60. So verschieden sie sind, so haben sie doch eins gemeinsam: eben ihre Sehnsucht nach Stille.

Weg vom Lärm, weg vom Alltagstrott, weg von all den fremden Erwartungen: »Ich vergesse oft völlig meine eigenen Bedürfnisse, weil ich mich ständig um andere kümmere. Mich selbst spüre ich manchmal gar nicht mehr«, sagt Lilo aus München. Das soll sich durch Qi Gong ändern. Vor Jahren begann sie mit den fernöstlichen Entspannungsübungen, um eine Neurodermitis zu behandeln. Nicht nur ihre Haut, auch ihre Seele erholte sich, deshalb hat sie jetzt wieder einen Kurs gebucht.

Die Wüste von Horizont zu Horizont ist der richtige Ort für alle, die wie Lilo den Weg zu sich selbst suchen. Klare Linien, wenige Farben. Auf der einen Seite begrenzen die schroffen Bergkämme der Bîr Soyar diese Welt, auf der anderen Seite die leuchtend blauen Wasser des Golfs von Aqaba, der 100 Ki-

Tritt ein in die innere Stille: Morgen-Meditation im Haus des Lebens

lometer weiter südlich ins Rote Meer mündet. Der Boden ist rostbraun hier und spärlich bewachsen, die einzigen Grüntupfer sind ein paar Palmen im Hof des Hotels, windzerzaust und mit einer feinen Sandschicht überzogen. Karg und archaisch ist das Land, nicht aufdringlich, nichts fordert unsere Aufmerksamkeit, nichts lenkt uns ab von uns selbst. Kein Dorf ist in Sichtweite, weder Bazar noch Restaurant, weder

Alles Große entsteht aus Geringem – ohne Geduld geht gar nichts

In der Wüste
verlieren die Dinge
ihre Wichtigkeit

Karg und archaisch: Die Sinai-Wüste ist eine Welt ohne Ablenkung

Schau nach Saudi-Arabien: Sonnenuntergang am Golf von Aqaba

Kino noch Bar. Und auch die Hotelzimmer sind einfach, ohne Telefon und Fernseher.

Wir stehen am Strand mit dem Rücken zum Hotel, und Irene läßt uns noch ein wenig Beruhigung üben: »Wenn ihr euch konzentriert, könnt ihr euch aufladen wie eine Batterie. Speichert die Energie, so wie eine Eidechse in der Sonne die Wärme speichert.« Das ist der Grundgedanke des Qi Gong.

Qi heißt auf Chinesisch die alles antreibende Kraft, die Lebensenergie schlechthin. Gong kann man mit Mühe oder Disziplin übersetzen. Diese ganzheitliche Methode ist ein mentales und körperliches Training: Durch Bewegung und Meditation lernen wir, Energie aufzunehmen, zu steigern und gezielt einzusetzen.

Qi Gong gehört zum Kanon der Traditionellen Chinesischen Medizin (TCM) und ist eine jahrtausendealte Erfahrungswissenschaft. Nach dieser Lehre kommt es zu Krankheiten, wenn der Energiekreislauf im Körper blockiert ist. In China, wo auch Irene Reintjens bei Ärzten und Meistern ihre Ausbildung erhielt, wird Qi Gong seit Jahrhunderten eingesetzt zur Behandlung von Herz-Kreislauf-Problemen, Muskel- und Gelenkerkrankungen, Kopfschmerz, Schlaflosigkeit und Krankheiten der inneren Organe. Inzwischen haben auch viele Ärzte in Deutschland die heilsame Kraft von Qi Gong entdeckt: Es soll die Widerstandskraft stärken und helfen, eine gute Konstitution und Wohlbefinden zu entwickeln.

Davon merke ich allerdings im Moment nichts. Ich fühle nur, wie meine Beine zu zittern beginnen, wie meine Arme müde werden, fühle ein schmerzhaftes Ziehen an der Wirbelsäule und ein Stechen in der Schulter. »Ihr müßt Geduld haben«, sagt Irene, als hätte sie meine Verzagtheit gespürt. »Qi Gong ist kein Fast food, das geht Schritt für Schritt. Lao Tse sagt: Alles Große entsteht aus Geringem.« Auch Chinesisch hat Irene gelernt, um sich in Geduld zu üben.

Beim Frühstück auf der Hotelterrasse erholen wir uns von unseren zweieinhalb Übungsstunden. Es gibt Tee und Kaffee, ägyptisches Fladenbrot und Brötchen, Butter, Marmelade, Eier und Yoghurt. Dazu werden Geschichten erzählt und Pläne gemacht. Vier Frauen wollen mit einem Taxi zum Einkaufsbummel in die nächste Stadt fahren. Im Bazar von Nuweiba soll es Duftöle, Beduinenstickereien, Webschals und Malereien auf Papyrus geben – jede Menge Souvenirs und noch mehr Eindrücke. Andere gehen spazieren oder holen ihre Schnorchelausrüstung, um das Korallenriff zu erkunden, das gleich vor dem Hotelstrand beginnt. Gudrun will einfach nur in der Sonne dösen. Die 32jährige Ärztin aus Oberhausen ist von ih-

Einfach und abgeschieden: das Hotel der Reisegruppe

rer ersten Gruppenreise begeistert: »Ich bin eigentlich nicht gerne den ganzen Tag lang mit vielen Menschen zusammen. Aber hier kann ich mich jederzeit zurückziehen. Dabei werde ich auch nicht dumm angeguckt, weil ich als Frau allein unterwegs bin. Und wenn ich Lust habe, finde ich immer jemanden, um mich zu unterhalten, oder kann mich zum Schwimmen verabreden.«

Das Rahmenprogramm um die Qi-Gong-Übungen, Ausflüge zum Katharinenkloster, auf den Mosesberg oder in Wüstencanyons, ist tatsächlich ideal für Alleinreisende. Niemand muß allein ins Restaurant gehen, und gegen das Gefühl der Einsamkeit am Abend gibt es zum Beispiel die Vorträge von Dr. Hortense Reintjens-Anwari. Die Islamwissenschaftlerin lehrt an der Universität Köln, schrieb ihre Dissertation über nordarabische Beduinen, spricht deren Sprache und kennt deren Sitten und Sagen. Daß der Beduinen-Kultur ihr Herz gehört, merkt man als Zuhörer sofort: Ihre Vorträge hält sie frei und mit einer so lebendigen, präzisen Sprache, daß kaum jemand aus der Gruppe fehlt, wenn wir uns um halb neun im »Haus des Lebens« treffen. Nach ein paar Minuten spüren wir die harte Steinbank gar nicht mehr, auf der wir es uns mit Meditationskissen etwas bequemer gemacht haben.

Selbst an ihrem freien Abend gibt Frau Anwari uns eine Einführung ins Arabische, weil viele sich gewünscht haben, wenigstens ein paar Worte mit den Einheimischen sprechen zu können. Danach, als würde sie niemals müde, erzählt sie uns noch ein beduinisches Märchen.

Am nächsten Tag fahren wir mit fünf Jeeps ins Wadi Melha. Am Eingang des Canyons erwarten uns Beduinenführer mit ihren Kamelen. Ein Bild wie ein Tausendundeine-Nacht-Klischee: Männer mit bodenlangen Gewändern sitzen auf bunten Webdecken um eine Feuerstelle; Jungen, die Köpfe mit weißen Tüchern vor der Sonne geschützt, liegen entspannt im Sand. Als sie uns sehen, kommt Bewegung in das Tableau, sie heißen uns mit frischem Minzetee willkommen und helfen uns, auf die Kamele zu steigen.

An den Schaukelschritt muß ich mich erst gewöhnen – es geht steil bergauf, der Weg ist uneben vom Geröll, das der letzte große Regenguß vor Monaten in die Talsohle geschwemmt hat. Ich bin ganz froh, als es nach einer knappen Stunde zu Fuß weitergeht.

Wir klettern auf Felsen, um die Aussicht auf immer neue Gebirgsreihen zu genießen, bestaunen die vom Wind glattgeriebenen Felswände, deren Gesteinsschichten wie ein sorgsam aufgetragenes Muster aussehen. Auf einem besonders schönen Plateau machen wir mit den Broten und Früchten aus unseren Rucksäcken ein Picknick, ehe wir umkehren.

Nach dem Abendessen im Hotel gibt es ein Überraschungsfest: Das Licht geht aus, und während wir uns noch fragen, was uns wohl erwartet, tragen die Köche und Kellner eine riesige Torte mit brennenden Kerzen herein. Dazu spielen sie auf Trommeln und Flöten und singen »Happy Birthday« auf arabisch. Carola wird 40. Diesen Geburtstag wollte sie unbedingt in der Wüste verbringen: »Das ist schon ein Einschnitt – ich möchte in Ruhe nachdenken, was bisher war und wohin es jetzt gehen soll in meinem Leben.« Doch erst einmal wird gefeiert. Wir tanzen und singen mit den Ägyptern – die Refrains ihrer Lieder sind eingängig, auch wenn wir die Texte nicht verstehen. Am Strand geht die Party mit Kerzen, Wein und Gitarren noch stundenlang weiter.

Mit dem ersten Sonnenlicht wache ich am Morgen auf, und um sieben Uhr stehen wir wieder am Meer und üben den »Kranich«, der in China ein Symbol für Glück und Langlebigkeit ist. Im Qi Gong soll er insbesondere den Lungenkreislauf stimulieren. Unsere Arme werden zu weiten Schwingen, die wir wie in Zeitlupe heben und senken, die Beine folgen diesem Rhythmus. Aber was bei Irene so leicht und fließend und graziös aussieht, verwandelt sich bei mir in einen komplizierten Bewegungsablauf, bei dem ich immer mehrere Dinge gleichzeitig tun und die Balance halten muß, wenn ich plötzlich auf einem Bein stehe. »Eure Bewegungen folgen dem Atem«, sagt Irene. »Wenn euch die Luft ausgeht, stimmt euer Tempo nicht.« Ich atme ruhiger, und allmählich werden auch meine Bewegungen runder. Ich vergesse meine Umgebung, ich spüre meinen Körper nicht mehr, und schließlich bin ich der Kranich: Als meine »Flügel« den höchsten Punkt erreicht haben, möchte ich abheben!

Jeden Tag lernen wir neue Übungen mit exotischen Namen: sich waschen mit dem Licht des Mondes, den Baum umarmen, eine Wand wegschieben, der rote Drachen tanzt auf dem Ozean – eine Übung zur Entspannung der Mundpartie.

Weg vom Lärm,
weg vom Alltagstrott,
weg von fremden Erwartungen

»Ich habe gar nicht gemerkt, wie oft ich mit verkniffenem Mund dastehe«, sagt Gudrun. »Überhaupt lerne ich eine Menge über mich selbst. Zum Beispiel habe ich hier eine viel größere Frustrationstoleranz als zu Hause: Viele Dinge verlieren ihre Wichtigkeit, es ist mir egal, ob die Dusche tropft, ob die Busse unpünktlich sind oder der Strom abgestellt wird. Und wenn ich an Deutschland denke, dann frage ich mich manchmal, worüber ich mich da eigentlich so aufgeregt habe. Das erscheint mir hier so überflüssig und übertrieben.«

Gudrun freut sich, daß der Zufall sie in den Sinai führte. Ein ungeplanter Urlaub, weil eine Facharztprüfung verschoben wurde. »Und jetzt hat sich gezeigt, daß es genau die richtige Reise zum richtigen Zeitpunkt ist – als hätte jemand meine Schritte auf den besten Weg gelenkt.«

GEO SAISON-Redakteurin **Kornelia Dietrich** ist im Sinai zum Qi-Gong-Fan geworden.

Die Fotografin **Ines Krüger** war vor allem von der Stille und dem Licht in der Wüste begeistert.

Info

Der Veranstalter »Studien- und Kontakt-Reisen« (SKR) bietet neben Gruppenreisen in Europa, Asien und Amerika auch das ganze Jahr über Fahrten in den Sinai mit unterschiedlichen Themenschwerpunkten an. Die hier beschriebene Reise mit Dr. Hortense Reintjens-Anwari und Irene Reintjens als Kursleiterinnen findet 1996 noch einmal vom 23. 11. bis 7. 12. und vom 7. bis 21. 12. statt, im kommenden Jahr vom 15. 2. bis 1. 3., vom 1. bis 15. 3. und vom 15. bis 29. 3. Zwei Wochen kosten im DZ inkl. Flug, Hotel mit Halbpension pro Person ab 2190 Mark plus Kursgebühr ab 280 Mark. Das Hotel ist sehr einfach, das Programm vielfältig: Yoga, Orientalischer Tanz, Fasten und Meditation, Malen, Traumseminare und Chakra-Balance.
Für die Einreise nach Ägypten ist ein Visum erforderlich. Detaillierte Auskunft gibt der Veranstalter, er hilft auch bei der Beschaffung.
SKR Studien- und Kontakt-Reisen, Kurfürstenallee 5, 53177 Bonn, Tel. 0228-9 35 73-0, Fax 935 73 50.

Manche Hotels akzeptieren nur Cash.

Oder Thomas Cook Reiseschecks.

Ja, es gibt noch jene kleinen Paradiese, wo die Zeit stehengeblieben und das Plastikgeld unbekannt ist. Deshalb nehmen Sie auf Ihre Reisen am besten Thomas Cook Reiseschecks mit. Damit sind Sie immer auf der sicheren Seite. Denn sie werden in über 150 Ländern weltweit akzeptiert und bei Verlust schnell erstattet. Und das schon seit über 100 Jahren. Fragen Sie bei Banken oder Sparkassen nach Reiseschecks von Thomas Cook.

Weltweit auf Nummer Sicher

VORSCHAU

Titelthema: Elsaß

Oktober ist der Monat der Weinlese und somit die schönste Zeit für einen Elsaß-Besuch. Folgen Sie uns in die Probierstuben der besten Winzer und Destillateure. Wir sagen Ihnen, wo die Brotkruste noch kracht, wo deftiges Sauerkraut im Faß reift, guter Käse im Keller liegt und die Marmelade im Kupferkessel kocht. Und in welchen Häusern Sie ganz wunderbar schlemmen oder auch schlummern können. Eine Reise zum Genuß.

Schwein gehabt

Weshalb Veronica so tierisch gut drauf ist und wie man sie findet. Ein Ausflug nach Hermannsdorf, dazu ein Wegweiser zu ausgewählten Bio-Bauernhöfen.

Providencia

Jahrhunderte lag die zauberhafte Karibik-Insel im Dornröschenschlaf. Dann sollten große Hotels gebaut werden, doch die Bewohner wehrten sich. Mit Erfolg.

RATGEBER
BILLIG IN DIE WELT

Mitfahren, mitsegeln, mitfliegen, mitwohnen: 18 günstige und spannende Möglichkeiten, das Weite zu suchen.

🌴 Wo ist die erste GESCHIRRSPÜLMASCHINE der Welt zu besichtigen, wo ist im Oktober SCHINKENMARKT? Natürlich in Gütersloh, Deutschlands heimlicher Medienhauptstadt. 🌴 Kurzurlaub mit SCHÖN-WETTER-GARANTIE in der Lüneburger Heide? Auch das gibt's – am überdachten PALMENSTRAND im Center Parc Bispingen. Erfahrungsbericht einer gar nicht mehr gestreßten Mutter. 🌴 Wer gehört zu wem? Nach der HETZEL-PLEITE: der Konzentrationsprozeß auf dem Reisemarkt.

Das nächste GEOSAISON erscheint am **27. September**

Antarktis

Eine Kreuzfahrt von Kap Hoorn Richtung Südpol, zu Pinguinen, Albatrossen und Eisbergen und zur einsamsten von Menschen bewohnten Insel der Welt.